章魚法官的家庭法學課

張瑜鳳——著

法官媽媽＋律師爸爸＋搞笑兒女的「法律家庭生活幽默劇」

推薦序

接地氣的法律人

吳明鴻（最高行政法院院長）

我自一九八一年開始擔任檢察官，歷任地方法院、高等法院法官及最高行政法院法官、庭長及院長等職務，從事法律工作逾四十年，辦理過為數上萬的個案，隨著時代的腳步，也歷經許多法令的增訂、修改，以及司法制度的變革，深覺法律是不能離開社會生活的，建立並維持完善的司法制度，是國家的責任，而要真正成為法治國家，人民的知法及守法，更是不可或缺。

法官給人的感覺，通常是一板一眼，注重規矩，謹慎內斂，自持莊重，較少公開發表評論。也許在別人心目中，我就是如此，因此我法律圈外的朋友會用「內向害羞、木訥寡言」來形容我。但我在行政法院遇到章魚法官時，對於她的所作所為，常常只能嘆為觀止。她辦案風格明快爽利，公餘之際酷愛打桌球，活力十足，征戰各處，不常見她拿冠軍獎牌，但卻賺到了健康以及一群球友。各學校學生來法院參訪，最喜歡旁聽她有條有理的法庭活動，以及聆聽她生動活潑的導覽介紹；她指揮學生們扮演法庭上的各項角色，藉此加深學生對於法律制度的瞭解，令大家都樂此不疲，印象深刻。她鬼靈精怪，法院的慶生、送舊活動，被她策劃成金馬獎頒獎典禮的規模，不僅有入圍影片，還要得獎者上台，我也被迫走紅毯，拿麥克風發表感言，為枯燥的工作環境帶來歡樂的記憶。

二〇一八年開始，章魚法官動筆寫「說法」專欄，我每月必讀，當然不只是因為可以從訂閱的報紙看到，主要是被她依著性格所敘述的內容深深吸引。她從社會上發生的新聞事件擷取資料，配合著法令的修改或者新制度的實施，用每個人都看得懂的文字，在敘述家庭成員的互動中，「置入性行銷」各種法律常識。詼諧又帶點幽默的情節，從不掩飾自己的小貪小念或者知法犯法（常常被兒女抓包）；與丈夫的鬥智互虧，更是讓人莞爾。這樣誠實又坦白的與人交心，讓她成為與「法官不語」族群不同的另類法官，不知不覺中擔任起法律的代言人，也是最接地氣的法律人。

司法作為三權分立的重要支柱，也是社會最後一道防線，法院更是落實公平正義的重要殿堂。法律之前，人人平等，每一個法院的個案決定，都是在宣示法律的真諦與價值。嚴謹慎重的裁判書，往往無法自己發聲，也不會自動宣傳。如果我們可以將法律植入深耕在每個人的生活裡面，讓人民自然而然的知法，進而使守法成為國民生活中不可或缺的一部分，法治國家的境界才得以到達，這將是國家全民的福氣。

章魚法官這本書，試圖從各種角度分析法律的構成與作用，有數學理論、也有生物學、更有倫理課與文學，還自曝法官的不為人知的心聲，每一篇都讓人很輕易地閱讀，在歡愉之際，不知不覺掉入「讀懂法律」的圈套之中，還想要繼續讀下一篇。法治的精神，就在這一篇篇文章裡，啟發思索，在這沒有唯一答案的追問中，獲得呈現。

章魚法官應該要繼續說法，說給孩子聽，說給學生聽，說給想要懂法律的人聽，說來說去，法律就自然而然成為大家都願意遵守的生活規則，法院案件因此少了，社會的秩序因此維持了，全民就笑了。這本書不僅適合全家閱讀，更是國民法治教育的基礎教材，謹此推薦。

推薦序

將法律教育融入家庭的日常生活中

蕭奕弘（律師，大學兼任教師，法普網站「一起讀判決」主筆）

法律無所不在

經濟學家大衛．弗里德曼（David Friedman）在他所寫的《經濟學與法律的對話》書中，提到：「假設這世界上只有你一個人，可能會有很多問題，但絕對不會有法律問題。」

換言之，只要還有其他人存在，我們就一定會遇到法律問題。有人的地方就有江湖、就有分配資源的問題、就可能因此發生紛爭，而需要法律介入調和，可以說生活無處不法律。

法普工作大不易

法律雖然如此重要，和我們生活息息相關，但除非遇到社會矚目事件，引發大眾熱烈討論，或是自己身陷法律爭議之中，否則我們大概不會主動接近法律，更不用說拿來作為閱讀的讀本。

章魚法官擁有近三十年的法官資歷，致力於法律普及的推廣，將法律融入到家庭的日常中，在這本《章魚法官的家庭法學課》中，透過她和兩個小孩、擔任律師丈夫的對話，將法學知識融入一篇篇輕鬆易讀的短文中。

我自己在近十年前成立臉書粉絲專頁「一起讀判決」，也希望從事法律普及的工作，將司法判決結果跟理由，以容易理解的方式分享給大家。這個過程讓我深刻體會到法律普及文章的撰寫跟推廣，是十分不容易的事情。

一方面，法律涉及生硬的條文規範，先天上就很難有趣；另一方面，因為自己從事法律工作的關係，要將自己的角色跟專業抽離出來，寫出讓一般民眾容易理解的文字，兼顧精確、完整跟易懂，需要耗費許多心力。

將法律融入生活

這本書的每一堂課，都是從日常生活的對話開始，不管是在家裡的假日早晨、全家一起逛書店、參加親友喜宴、過年親人團聚，從一家人的對話衍生跟法律相關的問題。

兩個小孩提出你我可能都有的疑問，再由媽媽章魚法官機會教育，把遇到的生活上的法律問題逐一解說。另外一個家中的法律專家律師爸爸，也適時補充資訊或提出不同的思考面向。

章魚法官將生硬的條文規範，毫無違和感的融入日常生活中的家庭對話，讓我們從章魚媽媽一家人溫馨的鬥嘴過程中，理解到法律相關的知識，原來在我們每天的日常生活中，信手捻來，法律無處不在。

本書的架構

章魚法官這本書中，將三十六堂家庭法學課分成數學課、生物課、文學課、理化課、倫理課，以及關於法界人生的真相等六個篇章。每一個章節都包含六篇對話式的文章以及一篇法學小講堂。

前五輯的數學、生物、文學、理化及倫理課，是法官媽媽、律師爸爸跟兩個剛成年、將成年小孩間的日常對話。第六輯「法內情與法外情：法界人生的真相」，則是章魚法官對法院工作感想與恩師的感念之情。

師恩重如山

對我而言，最喜歡的一篇文章則是〈老師爸爸，爸爸老師〉，章魚法官寫著她跟廖義男老師過去交流的點滴。廖老師是台大法律系教授，公平會首任副主任委員，也曾經擔任司法院大法官。

章魚法官比其他學生更幸運的是，曾經在老師任職公平會期間，擔任機要祕書，近距離與老師相處跟學習，除了老師淵博的學識外，章魚法官更能觀察到老師人生的哲學、信念以及實踐。

在這篇文章中，章魚法官提到老師秉持的一貫信念是：摒除不公、建立制度、依法行政、保護權利。老師總是忠實地記錄自己所學，落實制度的踐行，竭盡全力回饋國家。

初心與傳承

章魚法官對師恩的感念，應該也是對自己近三十年法官生涯的回顧與期許。身為法官是孤獨的，只能依照自己對法律的信念，堅定地做出決定，而不管外在有多少紛擾跟批評。雖千萬人，吾往矣，這也是我們對法官的期許。

除了法官的身分外，她更希望司法可以獲得人民的信賴，讓這塊土地上的法治可以開花結果，深耕在每一個角落。相信這是她近年來筆耕不輟的初心，用容易理解的方式，將法律傳播到更廣的範圍，灑下更多法治教育的小種子，期待來者成長茁壯，這是最基礎、影響最深、最久的司法改革。

希望這本書可以盡可能讓更多人喜歡法律、理解司法、多元的思考生活中的不同法律議題，謹此推薦。

推薦序
這本書不正常

P律師（臉書粉絲專頁「P律師：漫畫法律人生」經營者、執業律師）

某年某月的某天，我在《聯合報》副刊讀到章魚法官【章魚法官來說法】的文章。文章居然用家庭對話帶出法律問題與觀念，覺得十分有趣且文筆真好，我從那天起就成了章魚法官的忠實粉絲。

後來，我在臉書粉絲專頁「P律師：漫畫法律人生」連載「法官的日常」漫畫。為了讓「法官的日常」是真的畫出法官的日常，我從聊天、開庭、滑臉書、讀書取材。其中，許多靈感與題材取自【章魚法官來說法】系列文章（如有雷同，非屬巧合）。

在這樣的緣分下，當章魚法官來訊邀請我幫這本書寫推薦序時，我毫不猶豫馬上答應。那時章魚法官開玩笑說：法官的日常給你寫，不正常歸我寫。

確實，章魚法官在這本書所寫的，不是正常的法條解說書，而是「趣味家庭劇」。而且，這個趣味家庭劇是寓教於樂，是從章魚法官與律師老公、一對兒女的有趣對話（還有吐槽律師老公），帶出生活法律的問題意識與正確認識。這種寓教於樂「趣味家庭劇」比逐條解釋法條與法律名詞的硬梆梆解說，更容易讓民眾了解法律，效果更好（連我老婆都看得懂）。

大家都知道，法律很重要。可是，對於很多民眾來說，法條明明都是中文字，卻看也看不懂。我極佩服章魚法官的地方，就是章魚法官以生活平常處為始，帶入家庭對話，然後不講行話講「人話」，白話告訴讀者重要法律觀念（像我就想不到路上紅包也可以講到法律，佩服）。

雖然我極推崇這本書，但這本書有句話，我必須指正推翻！章魚法官在這本書寫到：「男人的話不能隨便相信，尤其是律師。」我身為一位男性律師，以上推薦均是據實陳述，絕無匿、飾、增、減，亦絕無虛偽陳述的地方，是真心誠意推薦。這本書真的是一本從高中生到一般大眾都適合閱讀的「國民法學生活趣味讀本」，絕對可以相信。

特別是法律這麼重要，知道的人那麼少，誤解的人那麼多。這本書真的是用簡易文字和清晰觀點，介紹大家應該知道的法律知識，拉近民眾與法律的距離。

最後，期待這本書之後，章魚法官會繼續寫下去，讓我們一直讀下去。

我倒垃圾去了。

黃福雄（爸爸）

我家不說法

黃昭勛（哥哥）

媽媽的第二本書終於要出版了，我也從中二屁孩晉升為不再新鮮的法律系二年級學生。

每個人聽到我選擇法律系，不外乎是「難怪，繼承家業嘛！」「爸爸媽媽遺傳因子，真好。」只有妹妹最瞭解我，「哥哥，你慘了。」順便帶一個詭異的微笑。

一家四口，有三人念法律（妹妹，妳別太嘴硬，說不定妳會轉換跑道到我們這裡），總不能改稱爸爸媽媽為學長學姊，該有的福利也沒增加，我在家裡，還是一樣地位低落，還是一樣迷糊闖禍。不同的是，媽媽跟我聊天的語氣，增加許多「你認為呢？」「你說呢？」「要不要查一下法條？」，最慘的就是，當我隨意回答媽媽的提問之後，她總是變臉驚呼：「你連這個也不會？不是已經上過課了嗎？」

媽媽開始寫專欄的時候，每一篇都會與我跟妹妹討論，講到我們的情節，也會先告知一聲，我們不答應她暴露的糗事，她也會修改掩飾，然後說，我下次用其他人的名字寫出來總可以吧！（老媽，小心一點，作家到最後都沒有朋友啊！）因為文章裡的我與妹妹，看起來真的很無俚頭，但那些都是可以寫出來的部分，沒寫的還有更離譜的。我不惜以身試法，常常犯錯，讓媽媽有題材可以發揮。我們一家人的對話，是經過修飾以及調整過後，才比較端得上檯面，否則鐵定會被列為18禁的等級。

但這就是我們的家啊！

我們可以自由地表示意見，即使最後總是媽媽決定菜色以及旅遊地點，還有車上播放的音樂。爸爸雖然口說尊重太座，不過我跟他背著媽媽也偷渡了很多她禁止的行為（噓～～）；妹妹這兩年從準備出國念書到終於成行，隔著半個地球，我跟她還是常常鬥嘴，但她總是第一時間跟我講學校裡討厭的男生的事。我愈來愈忙，常常是媽媽傳訊息：「要回家吃飯嗎？」、「要回家睡覺嗎？」、「你還在地球上嗎？」我才抽空回覆一聲「嗯」。

媽媽成天嚷著要退休要辭職寫小說，還不是一樣上班開庭寫判決，偶爾跟妹妹視訊講電話，叫她多吃飯多休息，然後掛掉電話後就偷偷地哭。爸爸好像不打算打擾她，就是每天早早起床晚晚回家，該喝的啤酒沒少、該看的職棒ＮＢＡ球賽都有跟上。我沒零用錢了，跟他講一聲，他就默默把鈔票放在桌子上，並且叮嚀我跟女生出去吃飯不能讓人家付錢，問題是，我的腳踏車後座，還沒有搭載女生啊！

我念了兩年的法律系，十分不用功（汗顏），但是我好像漸漸理解媽媽文章中寫的那些沒有答案的問題。為什麼她跟爸爸從事法律工作數十年，還是一樣地會有疑問、有掙扎、更多的是感嘆與貌似吵架的討論。或許法律就是在這樣的提問當中，經歷更多的價值辯證，挑戰人性與道德的界線。我是一位剛剛上路的探險者，雖然有爸爸媽媽以及更多的前輩引領，卻還是戰戰兢兢、誠惶誠恐的學習中。

媽媽說，她還會繼續寫文章。我記得爸爸講，媽媽開心，一家人就開心。所以我也會盡責地，繼續提供各種題材給媽媽。爸爸說他們結婚典禮上，致詞的老師提醒他們：兩個法律人，在家裡最好不要談法律，所謂法不入家門。我們家其實不必如此提醒，一切有為法，全部在家中。媽媽是我們家庭永遠的庭長，所有都是她說了算，別想上訴翻盤。

恭喜媽媽，出書就像生小孩，一個接一個，只要媽媽快樂，我們家裡其他三個人，會更加的快樂（耳邊又傳來媽媽對我的嘮叨：快點生小孩啦！我要抱孫子）。

唉～

我們這一家

黃昭菱（妹妹）

自序

追尋隧道口的光

駕車往返家裡與辦公室，要經過四個短暫的隧道。幾乎是反射動作，一上車就把廣播頻道打開，即時路況報導、新知新書介紹，偶爾出現老歌，還會跟著哼唱幾句。

進入隧道之際，音效開始細碎、模糊，雜訊干擾，眼睛也要適應一下昏黃的照明，直至眼前漸漸出現隧道口的光，我知道再一下子就會恢復正常了。

可是，剛剛聽到一半的歌，正要聽主持人評論書本中最重要的一句話、還有明天的氣象……暫時都不見了。彷彿人造衛星繞行到地球另一端，恰巧有那麼一截時間，與地面指揮中心的交流是空白的。

這些空白，恰是偶開天眼的時刻，下一篇專欄文的題材，往往在此時突然出現。

沒有紙筆，手握方向盤，怎麼辦？靈感像是一頭橫衝直撞的牛，想套住牠。靈感又像是一抹天上的雲，想要攔截它。心中細細複誦著幾個字句，叮嚀自己待會兒一下車就要趕快拿紙筆記住（手機對我來說，功能僅限於接詐騙集團以及兒女的電話）。

進了辦公室，攀越厚厚的卷宗長城，在椅上坐定，想好的絕妙文句，立即四散紛飛。一整天在判決與證據中來回奔忙後，回到家，鍋碗瓢盆孩子的聯絡本待折衣服待倒垃圾……又把剛才那令人擊掌的精彩點子拋到另一個星系之外。

時間快到了，編輯輕輕地敲來一句：「寫好了嗎？」心中的核彈頓時大爆發。

這就是我寫專欄的日子。

但也是有輕鬆歡樂的時刻啦！譬如在餐桌上，和孩子七嘴八舌地討論爭辯，跟老公明褒暗貶的刀槍不見血，每一件事情都印記著生活的軌跡。一旦想到可以寫的題材，開心地馬上說：「我要寫下來！」一講再講的家規，孩子都不遵守，我也放話：「下個月報紙上見！」朋友們看得很開心，卻也開始擔心自己成為文章的主角：「欸，作家都沒朋友喔！注意一下。」我當然知道啦！謹守職業道德，避免對號入座；選擇「置入性行銷」的法律常識，不能太艱深拗口，必須實用好記。對孩子的嘮叨，記得別重複。夫妻間的論戰，沒有贏家或輸家（只有被刪除的五千字）。

寫專欄的日子裡，我變得五感全開，提醒我要與社會脈動密切連結，讓我更珍惜享受家庭時光。專欄堆疊起來的人生，希望讀者也有共感，推廣法普教育，是我下半生路程的使命，雖然隧道漫長，我會繼續追尋出口的光。

——原載二〇二一年十月十四日《聯合報》D1版「家庭・副刊」

目次

輯二　法律生物課：兩個媽媽

輯五　法律倫理課：告密與檢舉

輯六　法內情與法外情：法界人生的真相

輯一

法律數學課

數字的真相

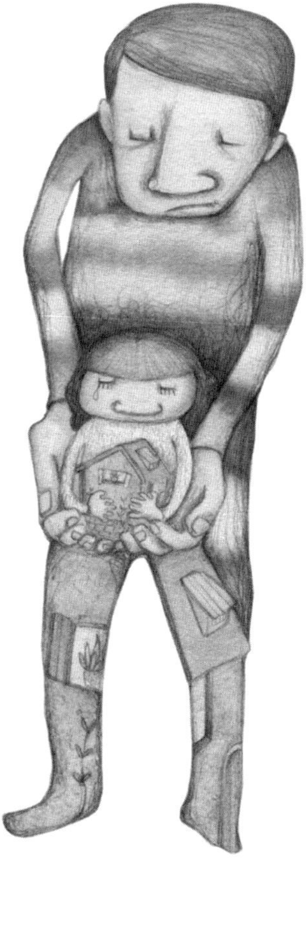

數字的真相

星期日上午。

「我數到三，你們再不起床，我就……」媽咪厲聲下令。

只見哥哥從房間出來，揉著惺忪的雙眼，問：「數到三，到底是喊出三才算，還是喊到三之前就算呢？」

妹妹也來湊一腳：「還有三點一、三點二……一直到三點九，都算三啊！」

我的老天，你們什麼時候這麼斤斤計較起來了。對於數字這麼敏感，怎麼不去研究一下股市的漲跌，開始學習理財與投資呢？

「我很願意啊！那這個月開始零用錢加倍好嗎？」哥哥聽了很興奮。

如果你保證可以賺錢不賠的話，媽咪的私房錢（噓～別讓爸爸聽到）都讓你去投資。

「媽咪，投資必有風險，不能保證穩賺不賠。」妹妹接下來以飛快的速度將理財廣告最後一段文字複誦一遍。

奇怪，不會考的東西，你們記得特別快，廣告台詞、卡通主題曲、搞笑梗圖……全部都記得。

不過不能怪你們，像媽媽高中時候學的三角函數，早就忘得一乾二淨，到現在還會作夢：數學考卷發下來，從頭看到尾，一題都不會，冷汗直流、心跳加快，然後就嚇醒了。以為念法律系可以不碰數字，結果……

「數學這東西，還真的很重要。」爸爸語重心長地說：「一個數字看錯了，就是一連串的災難。」

「可是媽媽每次跟人家講她幾歲，好像都會自動少一。」哥哥白目回應。

「體重機上的數字也是。」妹妹再補一槍。

媽咪徹底變臉：「五分鐘之內，快一點把該做的家事完成！否則……」

哥哥妹妹快腳溜走，依稀還聽到他倆在討論：「五分鐘之內？那到底是要在四分鐘五十九秒、還是在五分零一秒完成就可以呢？」

看來得好好地跟孩子們講清楚，法律裡面的數字問題，大家來上法律數學課吧！

「你們在哪裡會看到『以上、以下、以內』的字句呢？」媽媽問。

「嗯～刑法吧！最輕本刑幾年以上、幾年以下。」哥哥回答。

「限量發行的專輯，通常都要求在幾日『以內』要完成匯款。」妹妹比較實際。

爸爸揚著手上的掛號信，「還有交通罰單，高速公路上未依規定變換車道，處三千元以上、六千元以下罰款。」

其實這些數字，在數學與法律領域內的定義，幾乎是一樣的。

如果每一個數字都是一個空格，可以理解成「以上、以下」就是填滿，本數也要算；「超過、未滿」那就是空格，從下一個或前一個起算。

「就是『大於等於』的意思嗎？」妹妹問。

是的，在法條上的解釋就是：「稱以上、以下、以內者，俱連本數或本刑計算。」（刑法第十條）

「所以我們在契約上就會寫明『十以上（包含本數）』，是不是比較清楚呢？」爸爸補充。

再例如，「十八歲以下」，是指剛滿十八歲整及未滿十八歲之人，不包括超過十八歲的人。

「所以，我滿十八歲的那一天，就可以去考駕照了。」哥哥迫不急待。

哥哥，你還可以去結婚喔！民法已經修正，二〇二三年一月一日開始，成年的定義與刑法相同，都是十八歲。結婚年齡也一併修正，男女都是滿十八歲就可以結婚了。

「以前法定結婚年齡，男生是十八歲、女生十六歲。」媽媽咪以前念書時，就覺得這一條顯然違反平等原則，還好現在已經修改了。

「什麼事情都要講平等，男生為什麼不幫忙生小孩？」妹妹抱怨。

妹妹，平等原則的真諦，是指「相同之事件應為相同之處理，不同之事件則應為不同之處理」。天生條件、事物本質的差別，本來就不可能萬事皆平等啊！

你們在書上讀到，美國獨立宣言以及法國人權宣言，不都是強調「人生而自由平等」嗎？保障每一個人都有機會，就是一種平等，例如受教育、選舉、考試等權利。

「盧梭講過，『人生而自由，但無處不在桎梏之中』啊！」爸爸無限感嘆。

（咦？難道你在發表婚姻生活的心得嗎？）

民法對於時間的規定，僅有提示一個大原則：「以時訂期間者，即時起算。」（民法第一二〇條第一項）例如媽媽規定哥哥打球時間是九點到十一點，那就是「以時」訂期間。

如果以日、星期、月或年訂期間的話，「其始日不算入。」例如，媽咪告誡你們三日內要把房間整理好，那是怎麼算呢？「今天星期六是始日，不算入。所以星期日、星期一、星期二。」妹妹扳著指頭算。「星期二的晚上十二點前嗎？」

根據民法第一二〇條、一二一條規定，就是這樣計算的。妹妹好聰明，要不要來念法律系啊？

「絕對不要！」她堅決搖頭。

「還有更重要的，是上訴期間。」爸爸補充。例如對於民事第一審判決不服，要在收到判決後二十日之「不變期間」內上訴。

「不便期間？上訴還有方便與不方便的嗎？」妹妹問。

不是方不方便啦！是一定要遵守的不變期間。通常在行政處分、訴願書、裁判的最後，會註明可以提起訴願（上訴或抗告）的不變期間，一旦錯過，除非是天災或其他極端例外的事由，可以申請回復原狀之外，即使實體上再有理由，也全部都不可以主張了喔！

哥哥說：「等於直接被判退場，不能再繼續比賽了。」

「說起來，七月份也到了，大家也該注意一下我們家重大事件的時間。」媽咪咳嗽幾聲提醒。

「生日蛋糕會買大一點的啦！」爸爸說：「否則幾十根蠟燭會沒地方插。」後面那一句話明顯小聲了一點。

妹妹問：「爸爸說他只交過一個女朋友，又說媽咪是他的初戀，那到底爸爸有沒有交過媽咪『以外』的女朋友？」

咦？這真是一個好問題，看來我得好好審問一下了。

「升堂～」

關鍵字

期日、期間、不變期間、時效規定，民法第一二〇條、刑法第十條。

你的財產不是你的

雖然爸爸媽媽已經從大學畢業很久很久了，看到哥哥大一新鮮人的精彩日子，不禁回想起以前那些有趣的記憶，例如：迎新宿營、新生盃各類球賽、學長姊組聚餐、導生會等等。

「媽咪，我要去夜打，明天要去夜唱，後天還有七系聯合舞會……晚上我都不回家吃飯了喔！」哥哥一口氣交代完，背起包包又要出門去了。

欸欸欸，稍等一下。你要做的事還真多，有去上課嗎？筆記做了嗎？期末考準備好了嗎？

「哥哥，什麼是夜打？夜唱？」妹妹好奇地問。

「就是晚上十二點開始的棒球打擊場，特別便宜，還有KTV，也是特價優惠。」哥哥蹲在門口繫著鞋帶，大聲解釋。

唉～這種燒肝的活動，也只有你們這些新鮮人才有力氣。爸爸媽媽現在的同學會，不是早起爬郊山、就是團購健康保養食品、復健器材，還有全身健康檢查也是相招一起去。

只見哥哥還不離開，用企盼的眼神看著媽媽。

「什麼事？要愛的抱抱還是親親嗎？」媽咪問。

「媽～咪～我的零用錢～」哥哥的聲音都可以滲出糖蜜了。

哼！我就知道，你現在已經滿十八歲了，要懂得規劃用錢的方法，不可以浪費，看到什麼就買什麼……（以下刪除五千字。）

叮咚，門鈴響了。妹妹趕快跑去開門，原來是宅急便。

「媽咪，是妳的電視購物產品啦！」妹妹大喊著要我去簽收。

爸爸從書房出來，問：「什麼電視？」

沒事沒事，你的棒球賽已經開打了，我幫你把電視打開（順便用腳把購物箱踢到身後藏好）。「妹妹快去拿罐啤酒給爸比。」

「又是我！每次做家事都是我。」妹妹氣呼呼。

好啦好啦！我們家是最講究公平的。零用錢隨著年紀漸長而調整，如果多做家事、考試高分、讚嘆媽咪愈來愈年輕的次數愈多，都可以增加零用錢的喔！

「好！漂亮。」爸爸突然大喊一聲。

是嗎？你終於注意到我換髮型了？

「這個球接得好漂亮！」原來爸爸是在讚嘆電視上左外野手的精準。

哥哥還在門口等著，媽咪恨恨回答：「去找你爸爸拿零用錢。」

「媽咪，爸爸的錢還不是妳的錢。」妹妹說。

不不不，妹妹妳真的誤會大了，爸爸的財產不是我的，妳現在的財產也不是妳的。快過年了，妳跟哥哥幾年來累積收到的壓歲錢，媽咪「原則上」都幫你們存起來了。二〇二三年一月一日開始，成年人的定義就是滿十八歲，你們成年後，就有自由使用金錢的權利了。

「所以我可以去買最新手機了嗎？」妹妹很高興。是嗎？妳考慮一下，如果把零用錢一口氣花掉，以後還要買其他東西怎麼辦？妳現在還沒有十八歲，媽咪必須要為了妳的利益考量，妳對於零用錢的使用，還是要受限制喔！「所以，妳的財產不是妳的。」媽咪下結論：「直到妳成年為止。」

之前社會新聞報導，有位十歲的小孩，他的父母不幸因為車禍過世，只剩下奶奶照顧他。原來住的房子還在繳貸款，奶奶也無力負擔，只好賣掉，將售屋所得拿來補助生活費、學費，以及租房子使用。

「因為那個孩子是唯一繼承房屋的人，奶奶就算想賣房子，也需要法院同意才行。」爸爸不知道何時也聽到了，補充回答。

「為什麼法院要管這麼多？」妹妹皺眉。

「因為奶奶是監護人，若要使用或出售這棟房子，一定要為了這孩子的利益，也要經過法院許可才生效喔！」媽媽回答，「賣房子是一件大事，家事法庭的法官審查過後，認為這孩子現在的經濟能力及財產根本無力清償房貸，為了避免這棟房子遭銀行拍賣，會導致他跟奶奶沒有房子可住，所以裁定同意奶奶賣房子。」

總之，在成年之前，你的財產「不是」你的財產，意思是，國家希望由監護人來評估是否需要處分財產，再加上家事法庭的查核監督，就是要保護未成年人啦！

「可是我在網路上買畫畫的筆、顏料，難道每一次都需要妳或爸爸同意？」妹妹嘟著嘴，心不甘情不願地問。

當然不是啊，「符合妳身分年齡的、日常生活所需的，妳都可以去做的啦！」媽咪回答。

「所以妳買這麼多包包……也不需要爸爸同意囉？」妹妹指著地上的宅配箱，小聲問。

媽媽是理性購物好嗎？這是真的有需要啊！妳看我上班要拿一個包，逛街要背一個，買菜要拎一個，吃喜酒也要換一個……

爸爸轉換電視頻道，名嘴們正在分析藝人離婚的紛紛擾擾，他皺了皺眉：「夫妻剩餘財產分配請求權，民法第一〇三〇條之一有規定，很簡單的數學計算方式啊！」

「什麼數學題？我最不會算數學了。」妹妹哭喪著臉。

「以前曾經有段期間，登記在太太名下的財產，如果沒有舉證，都算是先生的財產，這才是真的『妳的財產不是妳的』。」媽咪回憶起念書時代的民法舊規定。

以前的社會，開公司做生意，大部分是由先生擔任負責人。如果欠債，債權人會查封執行到負責人的財產，所以有些人就取巧地把丈夫名下的不動產登記給太太，以避免被執行。然而法條用這樣迂迴的方式「推定」登記在太太名下的財產是先生的，如果目的僅是要避免債務人事先惡意脫產避債，卻違反「物權登記主義」的大原則，現在看起來真的是很荒謬的規定。

「對啊！太太也可以當董事長，」妹妹說，「女生會做生意的很多耶！」

「現在，社會進步，男女平權的概念愈來愈普及。法定財產制的婚姻關係消滅時，夫妻現存財產扣除所負債務後，如有剩餘，雙方剩餘財產的差額，應平均分配。」爸爸說明，「這是民法第一〇三〇條之一法定財產制的規定，但是夫妻雙方也可以自己約定，只要不違反誠信原則、公序良俗就好。」爸爸嘆口氣：「婚姻，真的需要智慧，《孫子兵法》要詳讀啊！」

「要找時間詳讀《孫子兵法》，還不如讀詩集吧！」媽咪回應：「當初你不也是靠著背一首詩才把我追到的？」

關鍵字

成年、監護人處分不動產、夫妻剩餘財產分配、民法第一一〇一條、第一〇三〇條之一。

一半

媽咪趁假日拉著全家外出踏青，哥哥妹妹在車上補眠，爸爸昨天加班太晚，戴著太陽眼鏡也遮不住熊貓黑眼圈，媽媽只好幫忙注意交通號誌，承擔導航系統的重責大任。

哥哥妹妹看到路旁有手搖冰品店，馬上諂媚地說：「媽咪，我們很乖，但是很渴，拜託啦！……」

渴？喝水最好啦!!

耳根子軟的爸爸稍稍遲疑，車速漸緩靠邊停放，哥哥妹妹趕快衝去店裡，「半糖半奶正常冰」、「全糖多冰少珍珠」……急急如律令，媽咪聽了一頭霧水，只見他們跟店員溝通順暢地完成點餐儀式。

「倒底在講什麼？喝個飲料也這麼麻煩？」媽咪忍不住抱怨。

「妳跟爸比看到新聞的時候，背出來的法條才是莫名其妙，明明都是中文，聽都聽不懂。」妹妹皺著眉頭回應，應該是檸檬汁太酸了吧！

法條就是這樣啊！非常抽象、簡潔，但是卻規範很多的重要內容。其實也沒這麼難懂，很多條文只是將社會習慣明文化，或者是訂出一個公平的規則罷了。

「每次看到厚厚的六法全書，我的頭皮就開始發麻。」哥哥碎碎念。

（「我看到你的成績單，才是從腳底發冷呢！」）媽咪忍住脫口而出的話，這絕對是破壞親子關係的大爆彈，再度提醒自己別在此時開口，但代價就是咬牙切齒、血壓上升。

爸爸把廣播音量放大，「這是我們的時代的歌。」爸爸跟著哼：「青春過了一半／還會為失戀感傷。情歌唱到一半／才發現失去對象……沒有愛人想想也無妨／悠哉悠哉獨享週末時光。不用再等候電話／不用費心想念她。忽然時間多出了一半……」

這是結束一段感情的心情哪！時間多了一半，電影票只買一張，日記寫一半就沒話講，說實在，每個人最好都是全部，而不要靠別人來完成自己的一半……咦爸爸不是說我是你的初戀嗎？怎麼會有這種失戀的心情過程呢？

「啊！目的地到了。」爸爸找到救星，鬆了一口氣。

遊樂園門口處有一個大大的園區全覽圖，哥哥妹妹很興奮地跑過去看，「我要去可愛動物區。」妹妹喊著，「美食區在那裡？」哥哥又餓了。

好好好，我們先買門票，一項一項地玩，要注意有些是要額外收費，有些不用，有些又是身高限制，還有次數限制……

「知道啦知道啦！」哥哥妹妹像脫韁的野馬，奔馳一去不復返。

媽咪找個樹蔭下長椅坐著，突然感觸很深。

這些地圖、遊戲規則，孩子們一看就懂，而且願意遵守。為什麼很重要的法令制度卻讓民眾們覺得反感、心不甘情不願地抱怨呢？

「民眾要的不是遊樂，而是公平。」爸爸端著一罐蘆筍汁過來，「課稅、繳罰單、申請補助……如果都是遵循一樣的規則，大家就沒話說。萬一看到別人有特權，當然就不爽。」

「法律其實就跟遊樂園的規則一樣啊！公開透明，每個人都可以去查去瞭解。」媽媽覺得奇怪。

「妳剛才聽得懂孩子點飲料的咒語嗎？對於很多不願意瞭解的人，會覺得法律也是一連串文字的組合，繁瑣又難懂。」爸爸感嘆：「法條千萬條，民事刑事程序都不一樣。進法院比逛百貨公司難，這麼多商品，眼花撩亂啊！」

「逛百貨公司？很簡單啊！只要看樓層表，知道各個專櫃的位置，事先作一點功課，就知道打折以及特價的時間……」媽咪幾乎是本能性的回答。百貨公司是媽咪的救贖地、心靈獲得重生的聖殿啊！

爸爸飄過一個不以為然的眼神，馬上又把太陽眼鏡戴上了。

「法律不就是這樣嗎？」媽媽忍不住又職業病了：「國小課本就有教過的法院體系、民刑事案件與生活的關係。到了國高中，更深入的介紹法庭上各個角色的功能，以及如何利用訴訟制度救濟權利。」

「如果課本就跟遊樂園的地圖以及遊戲規則一樣，讓大家很簡單地瞭解：原來提民事訴訟，原則上要繳裁判費，就像選擇摩天輪要另外加價。還有兒童遊戲區限於幾歲以下才可以去，就像少年事件法是處理少年案件的特別法。還有……」媽咪開始幻想「司法遊樂園」的地圖。

「人民不只需要公開公平。整個司法制度的功能還包括：讓受損害的人可以獲得賠償，做錯事的人要付出代價，以公正的第三者角色介入解決紛爭。」爸爸說：

「這個系統的和諧運作，除了需要法庭上的成員都盡其職務，每個國民都有基本的法治教育，更是關鍵啊！」

「對啊！司法制度總比問巫師或者聽鬼神來得好。」媽咪不禁再嘮叨：「畢竟這是民主國家解決紛爭以及權利救濟的好方法。真希望各種傳播媒體，在報導社會事件時，也要讓讀者瞭解法律常識以及解決的方法，不要只講腥羶色的那一半。」感慨一發不可收拾。

哥哥妹妹滿頭大汗抱著熊貓玩偶跑回來，「媽咪，我們一起玩打地鼠贏到的獎品。」妹妹開心地笑著。

「真棒！要送給媽咪是不是？」爸爸好意提醒。

「才不要哩！」妹妹正經地回答，「媽媽的禮物應該爸爸自己送。」妹妹真是媽媽肚裡的蛔蟲，媽咪斜眼看爸爸：「轉眼生日也快到了呢！」

「你們共同贏得的這隻熊貓玩偶怎麼辦？」爸爸移轉話題的功夫真是愈來愈好。

「輪流，我跟妹妹每人玩一天。」哥哥建議。

「還可以拿去賣，賣的錢一人一半。」妹妹的數學突然好起來了。

這就對了啊！別以為法律都是不食人間煙火的教條，一般人對於公平的直覺，其實就是法律規定的意旨。關於共有關係，民法也有規定……

「今天都過了一半，該去吃午餐了？」爸爸打斷媽咪的話。

好吧好吧！六月了，一年又過了一半。此刻能夠全家一起出遊、吃飯，是幸福的平方，絕對不只一半。

「不過你倒是說說，為什麼這次月考成績退步這麼多？這個月零用錢，一半！」媽咪終究還是爆發了，對著哥哥嘶吼～～

關鍵字

共有、訴訟權、司法、民法第八一七條、憲法第十六條、第七十七條。

不能忘記的數字

假日全家一起逛書店，各人品味不同，分散櫃位進攻。用指尖翻閱紙張的感覺，比起電腦鍵盤或手機螢幕，真的好過一千倍！

「九九重陽、雙十國慶、雙十一單身購物節、雙十二是北一女校慶……」媽咪喃喃自語。

「媽咪，妳在唸什麼數字？」妹妹問。

一年三百六十五天，總有幾個對自己意義非凡的日子。生日、結婚紀念日、第一天上學、第一次出國、第一個上班日……現在商家很厲害，總是利用各種日子創造出節慶感，消費者也樂在其中，是不是呢？

「爸爸從不會忘記在你們結婚紀念日送上一束花。」妹妹說，「應該是說，他的祕書很盡責。」

妳終於也知道真相了？

「唉呀，有送總比沒有好。」妹妹回話。咦？辦公室女同事也這樣安慰我，難道這是太太們的無奈心聲。

遠遠看著哥哥在漫畫區向我們招手，「快來快來！今天買一送一。」哥哥很興奮。

書本都在打折，為什麼物價卻愈來愈貴？以前媽咪買午餐便當一個五十元，現在兩倍的價錢都吃不飽。

哥哥捧著一疊書，轉身之際碰到妹妹，「哥你小心一點啦！」妹妹大叫，手上的飲料差一點被打翻。

「你看！」妹妹指著架子上的告示牌，「書本若有損毀，照價賠償。」

「這很合理啊！」哥哥回答：「有些吃到飽餐廳才不合理，桌子上總放著：『若拿取太多食物未吃完，請支付三倍餐錢。』」

「也有桌遊店放著警告：『毀損器具者，五倍賠償。』」妹妹回應：「這些數字都好可怕！」

「比不上媽咪站在體重機上顯現的數字可怕啦！」媽咪感嘆。

餐廳或者桌遊店，我們進入消費，就是訂立契約，一定要遵守規則，如果不小心造成損失，當然要理賠，除非違反公序良俗及交易常情，這些賠償規定都是法律允許的。

「像你爸爸，說好要帶我們去墾丁看海，總是食言，總是說下次再帶我們去。」媽咪感嘆：「這種巧言令色的話聽多了，我也無感了。」

爸爸突然出現，手上的買菜籃裝滿《古文觀止》、《今文觀止》、《年度散文選》、《年度小說選》。他拿出一本最新的《島耕作》以及《深夜食堂》，恭恭敬敬獻上，「老婆大人，您先看。」

這還差不多，算是犯後態度尚佳，暫予緩刑，留「家」觀察。

精神食糧採買完畢，該解決空空的肚子問題，於是到附近的水餃店，妹妹最喜歡在櫃臺點菜的姊姊，她總是會多送妹妹一盤小菜。

「妹妹好乖，今天要吃幾個水餃啊？」姊姊問。

妹妹扭捏不回答，「先來五十個！」哥哥的肚子是無底洞。

轉頭一看門口告示牌，居然寫著：「本店營運至月底，感謝老客戶多年的照顧。」

這太可惜了吧！好口味的老餐廳，宣告結束營業，真是令人遺憾。

「沒辦法啊！下一代不願意接手，找不到師傅。」老闆在桌上放下水餃，無奈地回應。

「父母做什麼，兒女一定要接嗎？」妹妹小聲表示：「我就不想念法律。」

「法律上有繼承關係，不代表人生的模樣也要繼承。」媽媽回答。所謂代代相傳的意旨，通常是指子女承接父母的工作。所謂「繼承」遺產，是指被繼承人「財產上」的權利義務的問題。如果父母留下的財產只有負債，兒女當然可以拋棄繼承。

但是千萬要記得，「拋棄繼承，應於知悉其得繼承之時起三個月內，以書面向法院為之。」（民法第一一七四條）這「三」個月，才應該是要牢牢記住的數字，比圓周率還要重要啊！

「父債子還」的觀念，已經過時且不符合人性。民法經過幾次修正，把繼承制度作了一個很大的調整改善。原則上，「繼承人對於被繼承人之債務，以因繼承所的遺產為限，負清償責任。」（民法第一一四八條第二項）。

「如果有些子女願意繼承、有些不願意呢？」妹妹問，「就像是這間餃子店的姊姊，看起來她很喜歡做這份工作啊？」

「妹妹，繼承是因死亡而發生。」媽咪小聲回答，「老闆這麼健康活力的模樣，妳別觸人家霉頭。」

「很多人就是怕觸霉頭，沒有在生前把遺產的事情交代好，增添很多爭執。」爸爸感嘆，「許多公司經營權的爭奪，都是因為下一代的糾紛而起。」尤其是大企業集團，所轄事業攸關多數員工的工作，也是維繫家庭社會安定的根基，負責任的老闆，更應該要早日面對現實，勇敢地把生後事作一個交代才對。

民法上的繼承事件，還有一些繁瑣的程序，例如陳報財產清冊，還有繼承順序、應繼分的計算、繼承前二年的贈與視為其所得遺產、繼承權的喪失或回復請求權等等，如果有不清楚的，建議還是要查清楚法條，諮詢專業的法律人，千萬不要以訛傳訛，或者輕忽不在意喔！

「我聽人家講過，最幸福的事情，就是嚥下氣的那一刻，剛剛好把自己的錢都花完。」哥哥說。

可是，誰有這些智慧和預言的能力呢？還是緊緊抓住現有的幸福，珍惜家人相處的時光吧！

「哥哥，你把五十顆水餃都吃完了？」不知不覺，桌上已被哥哥清空，妹妹大叫。

「再叫就有了嘛！」哥哥捧著肚子，幸福地笑著說。

關鍵字

誠實信用原則、拋棄繼承、呈報遺產清冊、民法第一一四八條、第一一七四條、第一一五六條。

公平的數學

回家看到門口堆滿了球鞋，東倒西歪，像是颱風過境的港口，「哥哥～～」媽咪忍不住拉長尾音。

客廳裡哥哥的國中死黨們一一起身，紛紛向我打招呼：「黃媽媽好。」

乖～好久不見，你們又長大了，你們的鞋子簡直可以裝下兩隻兔子，只不過，脫下來的時候，可以稍微擺整齊一點嗎？

哥哥首先發難：「唉呀我們等一下就出門了。」

「這是安全問題。」媽咪快要發飆。

「對啊！」同學小宇說，「我阿嬤前幾天早上出門時，就被門口的鞋子絆倒，摔了一跤。」

唉呀，奶奶還好嗎？

「沒事啦！只是腳踝要包石膏，醫生要她休息一陣子。」

難怪最近沒有看到小宇奶奶在校門口擔任導護志工，你們畢業這麼久了，奶奶仍然每天協助孩子上下學的交通安全，很令人敬佩的。

媽咪叮嚀：「在樓梯間堆放鞋子、雜物，若是導致人受傷，會有刑事民事責任，消防檢查不通過，也會被罰錢喔！」

「所以我們都搭電梯啊！」哥哥狡辯。

「萬一停電的時候呢？」拜託別懶惰好嗎？年輕人就該爬樓梯健身。

「說到電費，媽咪，管委會的繳費單又來了。」妹妹提醒。

「對嘛！我們有繳公共設施電費，就應該多多使用電梯啊！」哥哥繼續耍嘴皮子。

「一樓的人可以不用繳電梯的電費嗎？」妹妹問。

「你們說呢？」各位國民法官的未來候選人，請發表意見。

「好像有道理，一樓的人又用不到電梯。」小宇說。

「他們也會搭到頂樓看一〇一煙火吧！」小益提出疑問。

「難道要依據住戶的樓層來決定付費的標準嗎？住愈高付愈多？」小睿果然數

學最好，馬上拿出紙筆開始計算。

「那每一戶住多少人也要考慮嗎？三代同堂的人跟單獨一人使用電梯的頻率不一樣的。」眼看著大家七嘴八舌在討論，媽咪著實好開心哪！

大家都太棒了，你們正在討論的，是一個最根本的問題，所謂的「公平」、「使用者付費」以及「量能課稅」的意義，都在各位的腦力激盪中顯現出來。

一加一雖然等於二，但有時候單純用數學的概念去計算，不見得就是「公平」的真諦。社區公共設施（包括電梯、停車場、庭院、休閒設施等）的電費，由住戶一起平均負擔，應該是公平的。

「又不是每個人都有停車位。」妹妹說。

所以，屬於私人所有權的範圍，讓「真正使用者」付費，例如有車位的人繳停車管理費維護費及電費，合理吧？

「非常合理。」大家都點點頭。

「那麼游泳池呢？卡拉ＯＫ房呢？健身房呢？」媽媽繼續問。

「如果每個人都說我不用，所以我不繳，恐怕無法維護設施。」哥哥說：「自己不去使用，是放棄權利吧！」

「可是如果有人提議，按照使用次數來繳費，可以嗎？」媽媽問。

「公共設施畢竟不是自己的家裡設備，可以規定每戶每月基本使用的次數，然後超過的次數，就適當收費？」小益建議。

「電梯也可以發卡，讓大家只能到達自己的樓層以及頂樓。不付錢的人就不發卡給他。」小睿繼續發想。

哇～我猜你們大學的學生會都沒有規定這麼多，請問你們繳學生會費了嗎？你們享受多少權益、盡了多少義務呢？

（這個學生會費的問題～真是大哉問，可以寫一本碩士博士論文啦！）

使用者付費，固然是最單純的公平原則。就好像選舉，一律依據票數來決定輸贏，是最沒有爭議的。可是，你們知道嗎？以前立法委員選舉還有「婦女保障名額」，讓女性位於優越的立足點可以當選。

「這是什麼規定？」哥哥大叫，「現在應該要男性保障名額吧！」

「弱勢者才需要保障。」妹妹平靜地表示。

妹妹果然有志氣，可是我們畢竟要正視一件事：法律也不容許多數者的霸凌，或者是一味犧牲少數而成就所謂的「公益」。像社區的這些問題，法律基本上還是尊重住戶的意見，讓大家經過民主討論的程序，來訂立自己社區的管理收費模式。

「例如有些社區就規定不經過大廳的店面，可以不用繳大樓內部的電梯費；如果開設餐廳的話，反而要增加收取垃圾處理費。」依據各社區的狀況，讓住戶自己決定「公平收費」的實質內涵，當然要依據公寓大廈管理條例規定的提案及表決方式，「每個社區自訂的管理規則、組織章程，等於是社區的最高憲法。」媽媽解釋：「要修改或增設，有一定的法定程序要遵守喔！而且，並非每一件事都是少數服從多數。」

例如為了加強手機收訊功能而設的基地台，就算其他樓層住戶都同意在頂樓架設，也一定要讓頂層住戶參加會議、陳述意見並表示同意才行（參考公寓大廈管理條例第三十三條）。

「黃媽媽，你們家聊天都在講這些嗎？」哥哥的同學們一副不可思議的表情。

「哪有？我們家都是在關注職棒還有NBA啦！」爸爸從房間出來，一手拿著啤酒罐：「有誰想試試看的啊？」

同學們紛紛舉手。欸欸欸，你們滿十八歲了嗎？

「媽咪，你自己兒子幾歲都忘記了嗎？」哥哥抱怨。「我在家跟爸爸一起喝，總比在外面喝醉好吧？」

關鍵字

區分所有權人會議、規約、共用部分、約定專用部分、公寓大廈管理條例第三十三條。

路上的紅包該不該撿？

房間裡面傳來乒乒乓乓的聲音，哥哥懊惱地出來求救：「我找不到經典棒球賽的門票。」

又來了。從小到大，你到底遺失過多少東西？小學的便當袋、體育服、美術用具、鉛筆盒、課本……國中時候還把腳踏車騎不見了；高中跟女同學出去看電影忘記帶錢包；上大學了還忘記繳學費……總有一天，你會拜託大家幫忙找你的腦袋!!

「哥哥，我幫你找到的話，你要怎麼感謝我？」妹妹問。

「妳找到了？快給我。」哥哥很著急：「同學都在等我一起去加油。」

妹妹搖搖頭：「你要先講報酬。」

哥哥只好翻開民法：「依據民法第八〇五條第二項，不得超過物財產上價值十分之一。」

「太棒了！」妹妹歡天喜地，從背後拿出一個信封套，「我在洗衣籃裡面發現的。」

哥哥驚呼一聲，抱著妹妹跳躍幾下，就要衝出門。

「我的賞金呢？」妹妹追著問，「唉呀回來再說啦！」哥哥彷彿齊天大聖騎筋斗雲，一溜煙就不見了。

「每次都這樣。」兩個女人同時嘆氣搖頭。

爸爸從書房出來，「年輕真好啊！熱血十足，我還是在家裡看實況轉播就好。」

我看你是因為家裡有沙發、啤酒，還有供你使喚的女兒吧！

「爸爸，我真的可以跟哥哥要求票價的十分之一當報酬嗎？」妹妹想要確認，是要委任爸爸向哥哥催討嗎？

「撿到東西還給人家，是一種美德。報酬只是額外的，不要太強求。」爸爸好像已經偏頗到哥哥那一邊了。

「雖是美德，但是法律的規定可以讓大家減少紛爭。」媽媽補充。

「就是怕有人獅子大開口啊！」爸爸說：「像是結婚的聘金，法律也沒規定是多少。」

是嗎？當初你家來提親，我還記得我媽說：「我女兒懶惰又貪吃，脾氣也不好，你要娶她，可得想清楚。我家沒有嫁妝給她，她的畢業證書就是嫁妝。」

「丈母娘英明，她講的一點都沒錯。」爸爸小聲回應。

「什麼嫁妝聘金？結婚就結婚，幹嘛講錢？好奇怪。」妹妹不懂。

每個社會都有一些風俗習慣，當然會隨著時代進步而有不同。有些姻緣就是雙方親屬在談聘金嫁妝時，鬧得不歡而散，很可惜啊！婚姻真的需要兩家人的智慧、包容與理解。

「如果撿到東西真的可以要求報酬，那我以後走路都要專心一點，看看有什麼可以撿。」妹妹平常做事有這麼勤勞嗎？這懶惰的個性到底遺傳到誰啊真是的！

「路上的紅包也不能亂撿，不小心就會撿一個老婆回來喔！」爸爸提醒。

在台灣民間的傳統習俗中，對於不幸身故且未婚的女子，有些家庭會選擇為她「冥婚」。將身故女子的指甲或頭髮等物品，連同小額現金放入紅包袋中，等待路過的男子撿拾。「你能想像，撿了起來，馬上有人衝出來叫你『姑爺』？」媽媽問。

「天啊！」妹妹驚呼。

據說這是一種過運的儀式，冥婚之後的新娘會保佑在陽間的新郎賺大錢發大財，所以有人也就欣然接受。民俗傳說有很多，當然也有把紅包拿去廟裡化解，或者是做點善事就可以改運了。

「我就是上輩子做善事才娶到像妳這樣有幫夫運的老婆。」爸爸趕忙發表聲明。

「爸爸也太噁心了。」妹妹翻白眼。

「心存善念，把東西還給失主，是一件值得鼓勵的好事，所以法律才會有獎勵的規定啦！」媽媽解釋。

「照這樣算，我撿到一張八百萬元的支票，可以請求八十萬元了？」妹妹眼睛發亮。

妳上數學課有這麼認真嗎？計算速度簡直比電腦還快。

有一位民眾在路上撿到一張面額高達八百萬的支票，他立刻交到派出所，後來果真找到失主來領回。這位拾金不昧的民眾向失主請求支票價值百分之十的報酬，也就是八十萬元，但失主認為這樣的舉動是獅子大開口，雙方告到法院。最後法院卻是判決失主只要給三萬多元的報酬。

「這也差太多了。」妹妹難掩失望。

主要是因為這個遺失物是票據，失主為求保險，有立即報案遺失並止付，還到法院辦理公示催告。

「公示催告？」妹妹不懂。

公示催告的九個月期間，都沒有人找到支票的話，法院就會宣告該支票無效。所以支票遺失的報酬就不能以票面上的金額作為依據，法院是以這九個月的期間產生的利息，依法定的百分之五去計算。

「這樣子算起來，約有三十萬的利息產生，拾得者就只能以此作為請求報酬的數額，也就是三十萬的十分之一，作為撿到支票的報酬。」爸爸說明。

報酬的給付，是因為感謝拾得者保全了遺失物，協助失主減少損失。不過要注意的是，最多就是百分之十。拾得者不僅不能獅子大開口，若有顯失公平的情況，法院也可以減少或者免除報酬喔！

「所以在路上還是仔細找遺失的鈔票比較好賺。」妹妹感嘆。

在路上應該是專心走路，注意車子或者帥帥的男生吧！

「好球！滿貫全壘打!!」爸爸起身大呼小叫。

趁著爸爸心情好，妹妹，趕快去跟他要零用錢比較快啦！

關鍵字

拾得遺失物、票據公示催告、民法第八〇五條、票據法第十九條。

法學小講堂

無情法律與冷酷數字

數學不好、所以來念法律系？

這個理由，著實會讓很多懷抱正義公平偉大志向的法律系學生或老師很生氣。數學不好，恐怕邏輯也不通，來念法律系，難免會造成一些災難。

章魚法官本人我，就是一個為了逃避數學而躲到法律的魯蛇。誰知，在實踐法律的過程中，發現何處不數學？法條上的幾年幾月、追訴期間六個月、十五年請求權時效，更別提公司股東大會表決權、出席率要幾分之幾以上，還有財務報表上的借貸平衡、各種現金流量表的複雜數字，都藏著重大金融案件破案的關鍵……或許，對數字敏感的人，更適合來念法律？

法律規定裡固然有很多數字攸關權益，與其要大家死背死記，不如讓大家難以忘記。如果兒歌裡面有請求權時效的提醒，讓孩子朗朗上口；如果課本可以像多拉＼夢的記憶土司，每個人都快樂吞下，永誌不忘。一些拗口的名詞「特留分」、「應繼分」、「共有」不過是數學一元方程式以及加減乘除而已。從小灌輸、耳提面命，就像看到紅燈停、綠燈行一樣的反射動作。自然而然把法律常識融入內化成生活的一部分，無論是法律或者是數學，其實一點都不可怕！

法律之所以讓人又愛又恨，很多的原因是「知道了太晚」、「來不及主張」。若是政府的補貼福利措施，大家都會緊盯著開始發送的時間以及截止日。但是自己的權益該何時主張？能不能救濟或者申訴？好像總是不小心會忘記，眼睜睜看著法院大門在你面前關上，你只能捶胸頓足恨天恨地，然後下個結論：「法律都在保護壞人！」

真的是這樣嗎？

從提款機領出鈔票，也得要在攝影鏡頭前點個清楚。簽訂契約的時候，臉皮薄的人就吃虧了，尤其是牽涉到數字，總覺得依照誠信原則，應該不會名實不符或者對方有意漏掉。偏偏所有產生爭議的事件，就是源自於這樣的不清不楚：「大概、或許、可能、差不多」，任憑你在法庭拍胸脯指天立誓講著當初的約定，不如在簽約當時，明明白白的記載下來，可以省卻很多去廟裡斬雞頭的動作。

一紙明確的契約、堪為人間紛爭下定論；一份合法的遺囑、避免子孫絕情的殺戮。

數字的公平，當然不代表真正的公平。但至少數字呈現的是一個客觀的事實，時間期限的規定也是行使權利的必然現象，「法律不保護在權利上睡著的人」這句話看來冷酷無情，其實一個不確定的隱隱火山藏在權利底下，更是一種人性的凌遲。我們法律的數學課，就是提醒大家，確實地標示出開始、結束與期限，遲到的人無法入場，過期的權利不再有力；過半數的話就贏，人數不足就流會；合夥約定好的分紅比例就照約定，未留下遺囑就照法律比例分遺產，一個個數字，明確又穩定。天皇老子總統勞工，在時間面前、在數字面前，一視同仁，一律平等。

至於海枯石爛、永恆不朽，跟宇宙星星一樣多到數不清楚數字的承諾，就留給愛情吧！

輯二　法律生物課

兩個媽媽

兩個媽媽

妹妹很認真在做卡片，媽咪偷瞄到了「親愛的媽咪，感謝妳……」，好感動。可是左盼右盼，怎麼還沒有送給我？

「那張卡片是給我社團的媽咪啦！」妹妹笑道。是喔！社團的學姊，她比我更照顧妳嗎？也不想想每天是誰喊妳起床送妳上學？校慶要支援賣東西、運動會還要去幫忙錄影、舞會要穿的禮服也要媽咪跟妳去挑選、偶爾偷用我的化妝品還被嫌棄……

「媽咪，好好好，我知道妳對我好啦！妳是獨一無二的！」妹妹投降，「不過，我有好幾個阿嬤耶！」

是啊！從小，你們就稱呼我的媽媽叫阿嬤，爸爸的媽媽也稱作阿嬤，還有乾奶奶、學校的愛心志工阿嬤、隔壁送妳糖果的鄰居奶奶……妳都尊稱她們為「阿嬤」。以前習慣上我們稱呼外婆（媽媽的媽媽）、奶奶（爸爸的媽媽），在民法親屬的規定上，我跟爸爸的父母親，不分內外，都是你們的「祖父母」啦！

「為什麼外婆跟奶奶的名字都是複姓？」哥哥問。

以前社會習俗，女生嫁人之後大部分是冠夫姓的，現在漸漸沒有這種風氣了。除非是被收養，或者因為同名、諧音不雅等因素，很少人會去改名字的。

「媽咪是在說鮭魚之亂嗎？」哥哥哈哈大笑。

這個改名事件，從法律的角度分析，是人民的自由權限與國家管制的目的之間的界線，也涉及到行政法的最重要觀念：法治國家原則與法律保留原則……不知不覺開始上起行政法的課，哥哥和妹妹早已經溜到陽台窗戶邊去了，他們對著樹枝上指指點點。

「媽咪，我們家金桔樹上有鳥巢耶！」他們小小聲地說。

對啊！春天是繁殖的季節，前陣子媽咪就發現有兩隻白頭翁頻繁出入，仔細一看，有三顆小小的鳥蛋已經在那兒了。鳥媽媽很辛苦，整天窩在那兒孵，鳥爸爸應該有去找食物來幫太太進補……

「媽咪，妳怎麼看出來孵蛋的是媽媽？」妹妹問。

媽咪突然愣住。對喔！為什麼我自動就把「男主外、女主內」的制式觀念套在鳥類身上？光看外表，「安能辨鳥是雌雄」？

「如果是我，我要出去工作賺錢，我不喜歡做家事。」妹妹喃喃自語。

家庭的組合模式，除了父母子女，還有同性伴侶、三代同堂、隔代教養、重組家庭……誰要出外工作、誰要在家照顧孩子處理家務，應該好好協商，每個人發揮專長，分工合作，各盡本分，最好不要只以實質的金錢收入來判斷誰的貢獻比較多。

「像媽咪也是有工作，假日更是負責帶我們去覓食。」哥哥說，「爸爸在看報紙喝茶的時候，媽咪也應該去敷臉做按摩才對啊！」

哥哥這麼體貼，我真是為我未來的媳婦感到安慰。啊～教導自己的兒子比較簡單，別人的兒子，實在是教不來（最後一句話是咬牙切齒的對著爸爸說的）。

「難道這兩隻鳥，一定是夫妻嗎？會不會是兩隻母鳥一起扶養幼鳥？」妹妹看了半天，發出疑問。

「鳥的習性，我是不瞭解，但是人類的問題，爸比可以告訴妳。」爸爸也跟著站在窗邊觀察。

「現在同性的人可以共組家庭，如果他們想要有下一代，該採取什麼方式呢？」爸爸問。

「女性的話，借精子。男性的話，借腹生子。」哥哥回答。

「如果兩個人都不想生，可以去收養。」妹妹建議，她聽說生小孩很痛很痛，她不要生。

「妹妹，媽咪告訴妳，我生哥哥的時候，是一邊跟醫師聊天，一邊剖腹，十五分鐘哥哥就出來了。生妳的時候，我還自己開車去醫院，拉著行李箱到櫃臺報到……」媽咪開始回憶。

「好啦好啦！媽咪妳講過很多次了，說小黃叔叔跟爸爸在產房外一邊喝啤酒一邊聊天，我就生出來了。」哥哥複誦，「妳生妹妹的時候，他們乾脆自己先準備好紅酒以及酒杯，免得在產房外等很無聊……」

對啊！這筆帳還沒有跟爸爸算。我在裡面受苦受難，你們兄弟在外面飲酒作樂，成何體統？

只見爸爸心虛地不敢看媽咪。

「阿公說，護士推我出來之後，大家湊上去看，都說很帥、很健康、頭髮很多，好棒。」哥哥說：「然後爸比突然問一句：『咦？我老婆呢？』大家才突然發覺產婦還在裡面。」

是啊！每次被爸爸氣到想要脫口而出的離婚兩字，就這樣一次一次想著：「這傢伙算是有良心會想到老婆的人。」就一次次地原諒他。婚姻也就這麼持續二十幾年了，唉，人生……

「我看過公視《誰來晚餐》節目，有一集就在介紹兩位女生共組家庭，輪流懷孕的經過。」哥哥說。

「那孩子不就是有兩個媽媽？跟我有兩個阿嬤一樣？」妹妹問。

是的。同性組成的家庭，在稱呼上，就會有這樣的情況。我國法令承認同性婚姻，是另外立法：「司法院釋字第七四八號解釋施行法」（二〇一九年五月二十二日公布），並非將民法有關「婚姻」的概念重新定義，但民法裡有關夫妻、結婚、婚姻效力之規定，以及夫妻財產制、日常生活代理、繼承等等規定，在同性關係中都是準用的。還有例如簽立不急救聲明書，或是捐贈器官等，也是一樣視為「最近親屬」及「配偶關係」。

「同性的人如果結婚也要去登記嗎？可以互告離婚嗎？」妹妹很好奇。

基本上跟民法親屬篇的規定都是一樣的喔！無論要不要共組一個家庭，既然要共同生活，就要有一致的目標，互相扶持，就算興趣各異，也要在異中求同，尊重彼此的空間……

「噓～給牠們安靜的環境，專心養胎吧！」爸爸提議，「我們就去找間好餐廳，吃美食，養我們的胎。」爸爸捧著肚子說。

哥哥妹妹歡天喜地，樂不可抑。媽咪望著自己的大腹便便，矛盾極了。這下子肚子大，可沒有懷孕當藉口了。但是美食讓人無可抗拒……減肥？明天再說了！

（附註：立法院於二〇一九年五月通過同婚專法「司法院釋字第七四八號解釋施行法」，並於二〇二三年五月十六日將施行法第二十條修改為：「同性婚姻關係雙方當事人之一方收養『他方的子女』或『共同收養』時，準用民法關於收養的規定」。此後，同性伴侶結婚後，可以跟對方本已收養的子女建立親子關係，也可以共同收養無血緣的子女。）

關鍵字

父母子女、收養、同婚法、民法第一〇五九條、第一〇七二條。

身分與姓名

疫情期間，全家一起追劇。因為有未成年人在場，媽咪也只好忍痛捨棄18禁的腥羶色，選擇傳統溫馨劇《紅髮安妮》。

綠色農莊的馬修與馬莉拉兄妹想要收養男孩來協助農場工作，安妮卻陰錯陽差地來到這個單純保守的家中。她的純真（白目）、好奇（搞怪）、浪漫（幻想），對於愛的追求，永不放棄的精神，改變了周遭的人，自己也逐漸邁向成熟的生命旅程。

影集真實呈現了十九世紀的美麗風景，讓人想立即去加拿大愛德華島，跟安妮一樣在廣闊草原上奔馳，還要穿上篷篷袖衣服，跟閨蜜一起喝下午茶講心事，推測班上最帥的男生到底喜歡誰……

「她是水瓶座吧？太浪漫了。」妹妹評論。

「是魔羯座啦！記恨很久、有仇必報。」哥哥反駁。

「你們真是奇怪，人的個性這麼多，怎麼會用星座來分類呢？」爸爸不以為然。

「別吵啦！我看安妮一定是巨蟹座的。」媽咪肯定地說，只見哥哥妹妹一臉狐疑。

孤兒院沒有留存她的資料，農業社會，嬰兒大都是產婆在家幫忙接生，哪像現在醫院乾淨的產房，設備齊全，嬰兒一落地馬上蓋腳印、戴手環，洗得乾乾淨淨先給媽咪抱抱，然後推到產房外向眾親友展示，還有爸爸陪同用攝影機全程紀錄。哪像你爸爸……

「媽咪別抱怨了啦！」哥哥妹妹已經聽媽媽重複一百遍的事：哥哥出生時，爸爸跟同學在產房外喝啤酒。妹妹出生時，爸爸有改過了。改喝紅酒……

「為什麼安妮是巨蟹座的？」哥哥打岔問。

對於無從確定出生月日的人，我國法律規定，推定為七月一日出生。如果僅知月份，而不知日期，就推定為十五日（民法第一二四條）。

所以，如果安妮在我國，她就是七月十五日的巨蟹座，是法律認證的喔！媽咪生日剛好差一天，是不是一樣很偉大。

每一個孩子都應該是被祝福的生命，安妮是因為父母親過世，不得已只好在孤兒院長大。有些父母親並沒有準備好擔任這個角色，或許母親想生下孩子、但父親不願意，有些則是母親不告知懷孕而自己離開，或者是父親另有婚姻關係……

「戶口名簿上有的父親欄是『父不詳』，」爸爸說，「身分證父親欄記載的則是一條橫線。」

「為什麼身分證上要記載父母親呢？還有配偶、役別、出生地……？」妹妹發出疑問。

大哉問啊！身分證就是國民的證明，除了身分證字號、出生年月日之外，其他的項目，究竟是國家為了行政管理需要，還是對國民資訊的掌握呢？記得多年前還有人發起「我單親我驕傲、政府不必幫我宣告」這樣的活動。

「真的，為什麼呢？」哥哥好奇。

依照戶籍法所訂定的「國民身分證及戶口名簿格式內容製發相片影像檔建置管理辦法」，身分證上需要載明的項目很多。有些女性並沒有走入婚姻，決定生下孩子自己扶養，法律規定「非婚生子女從母姓」（民法第一〇五九條之一），孩子的身分證上父親欄，不見得方便或需要填上名字，所以是空白或一條線。於是有人就認為，何必在身分證上標示父母親是誰呢？身世證明是必須的嗎？這真是個很值得討論的問題喔！

「現在不是規定夫妻可以約定子女從父姓或從母姓了嗎？」哥哥問。

在婚姻關係中出生的孩子，是這樣沒錯。縱使非在婚姻關係中出生的子女，原本是從母姓的，經過生父認領後，即視為婚生子女，可以變更為從父姓。（認領，是一個事實行為，就是生父承認該子女的意思，有撫育行為的，也視為認領，參考民法第一〇六五條。）

「學校老師都稱呼我黃媽媽。如果你跟我姓，該怎麼稱呼我呢？」媽咪問哥哥。

「有差嗎？上次同學到家裡說：唉呀你媽咪好年輕好像你的姊姊。妳就買很多披薩炸雞可樂給他們吃，也不在意我們鬧翻天。」哥哥低聲說。

哥哥，媽咪是這樣膚淺的人嗎？這麼容易被收買嗎？不過說實話也該再請你那幾個好同學來家裡坐坐了。

爸爸咳了兩聲，「名字真意為何？玫瑰不叫玫瑰，亦無損其芳香。」莎士比亞的經典從他口中講出，怎麼特別沒有藝術感。

哥哥突然問：「如果以後你們跟我女朋友的父母是仇人，我還可以結婚嗎？」這是看完《羅密歐與茱麗葉》劇集的聯想嗎？還是已經有對象了？實在可疑。

「媽咪沒有仇人。」我平靜地回答，看著爸爸，心想：最大的仇人已經在家裡了。

「就是妳不喜歡我老婆的家人之類的啦！」哥哥解釋。

「我只在乎他們對你好不好。這是你的婚姻，我無法替你決定。」媽咪回答。

「如果當初羅密歐和茱麗葉都去改母姓，不就沒有家族世仇的問題了嗎？」妹妹回答。

這麼簡單就好。我聽阿公阿嬤說過，早期有些姓氏間是禁婚的喔！例如鄭施是世仇，因為鄭成功與施琅的緣故；有些是因為三百年前是同一家（例如張廖簡），還有一位出身美濃的著名作家鍾理和與他太太鍾台妹，當初同姓結婚，就引起很大的議論。

「這些都是很奇怪的理由啊！」哥哥妹妹不以為然。

以前靠姓氏來分辨是否來自同一祖宗或家族，禁止近親相婚，也是要避免造成生物遺傳上的風險。現在醫學科技發達，如果沒有遺傳上的問題，不同宗、不同血統，就算是兩人同名同姓，有什麼理由不能結婚？

「那喜帖上該怎麼印呢？新郎新娘都是同一個名字？」妹妹疑惑。這個妳就不用傷腦筋了，今天是七夕，趕快去向妳前世的情人祝賀情人節快樂吧！

關鍵字

年齡、推定出生日、戶口名簿、認領、民法第一二四條、第一〇六五條。

家裡的戰爭與和平

疫情未平，假日在家，哥哥妹妹唉聲嘆氣，爸爸整天窩在沙發看球賽，媽咪在廚房與客廳間走動，煩躁不安。

「媽咪，晚餐要吃什麼？」哥哥問。

「剛剛才吃完午飯，你就在傷腦筋這件事，你沒有別的事情可以問嗎？期末考準備好了嗎？」媽咪找到出氣筒，劈哩啪啦一堆話就出來了。

「媽咪別生氣，我們一起來看旅遊頻道，計畫下次出國的地點。」妹妹哄著媽咪，一邊對爸爸使眼色。

「對對對，我們來看這個節目，每一集都選擇了三種不同的飯店，奢華的、平價的、自然的，我們全家來投票，看要住哪一間。」爸爸趕快轉動遙控器，讓開沙發最中間的位置。

「還有多久才可以自由放心地到處出國旅遊？」媽咪愈看愈難過：「最可憐的是，不想出國卻被騙出國。」

「怎麼會被騙出國啦？不都是要護照、機票，還有簽證嗎？」妹妹說。

媽咪打開報紙：「有一對離婚的夫妻，五歲女兒由住在臺灣的母親單獨監護，因為父親常常需要出國工作，所以雙方寫了協議書，約定父親可以在每週探視女兒的時間、接送方式，以及寒暑假帶女兒出國的期間。」

「唉呀，我現在跟同學出去玩的時間都不夠了，誰要跟爸爸媽媽出去啊？」哥哥背起包包，準備出門。

媽咪瞪一眼，哥哥趕快解釋：「我要去圖書館啦！」

最好是去讀書，你以為藏在身後的籃球我沒看到嗎？媽咪的雷達是很準確的，不要以為做壞事沒人知，天知地知媽媽知。

（眼角瞥到爸爸把腳邊的啤酒瓶再往茶几下面推進去一點。）

這個爸爸，本來說要帶女兒去香港幾天，結果，竟然從香港飛往歐洲，而且，一去就是一年，這期間，媽媽都找不到女兒，無法聯繫。

「天啊！」妹妹驚呼：「這孩子會有多難過。」

媽媽才難過吧？雖然你們在家很吵，媽咪看了很煩，可是在沒有預期的情況下，讓母女分別一年，更令人傷心，不僅剝奪母親的監護權，有沒有顧慮到孩子的心理感受呢？

「對於照顧孩子的方式，真的要好好商量調整。」爸爸沉重地說。

「對啊對啊！爸爸，每個月的零用錢，真的該商量調整了。」哥哥在門口大聲回應。

你不是要出門？

「我要聽那個案件的結局啊！」哥哥問。

結果，媽媽終於找到爸爸在國外的住址，並且請律師以及警察，進行法律程序，爸爸最後將女兒送回臺灣。但是，我國檢察官依刑法略誘罪、移送被誘人出國罪（刑法第二四一、二四二條）起訴爸爸，一審法院依「和誘未滿十六歲之人罪」，判處有期徒刑六個月。

「自己的爸爸帶走女兒，為什麼是和誘罪？」哥哥不解。

當父或母一方以不正當手段，將未成年子女帶出國或帶離原慣居地，而剝奪他方的監護權、探視權或會面交往權時，顯然是有礙於子女的健全成長。

夫妻離婚時，未取得監護權的一方，監護權行使只是暫時停止，並非拋棄親權，既然雙方都已經協議約定好相處的模式，就該遵守。因為這個女孩子是未滿七歲的兒童，法律上屬於無行為能力人，其認知及智識能力尚有不足，所以父親縱使以和平的手段，誘使脫離家庭或其他有監督權之人，一審法院還是認定其成立略誘罪（以和誘論）。

聯合國一九八九年通過兒童權利公約，我國於二〇一四年六月四日制定兒童權利公約施行法。這個公約是以兒童權利為核心，強調兒童應享有親子關係維繫權。因為未成年人的福祉，要靠成年人來維持，重點不是在父母的「監督權益」，而是未成年人應該受到的「保護及照顧」，確保他們可以健全成長。

「這案件的父母親，應該都是疼惜孩子的，希望他們可以更理性且平和地解決。」媽咪感嘆。

又到了升學的季節，有考生的家庭內可能會產生一些爭論，選填學校以及科系，到底要尊重孩子的意願，還是要以大人的經驗建議為主？真是左右為難的決定。國外戰事綿延，國內的家庭裡最好不要有戰火發生。希望大家都以「和平」

為唯一目標，保有家庭的真正面目：愛與溫暖，支持與同理，共同維繫並且攜手向前。

「等到疫情緩和，可以安心地出國旅遊，媽咪一定不嘮叨，你們想做什麼都可以。」媽媽保證。

「我的蜜月旅行妳別跟就好……」哥哥小聲地說。

有沒有搞錯？現在就在想這些？不過話說，如果你要我同行也可以啦！你睡覺愛踢棉被，晚上我可以過去房間幫你蓋被被。

「媽咪拜託，這樣子誰敢嫁哥哥！～」妹妹為哥哥抗議，恐怕也在暗示我最好不要管她。

「以前出國玩，妹妹偷懶不想走路，我們全團的人輪流抱妳，手都瘦了，我看妳根本都不記得了？」爸爸抱怨。

「對對對，晚餐時候，爸爸端起啤酒杯的手一直在抖。」媽咪幸災樂禍地回憶。

「我記得京都的三色丸子、東京的香蕉蛋糕、維也納的巧克力、德國的麵包……」妹妹一一細數。

食物果然是連結記憶的鑰匙。

好吧！我們就一起想想，「今天晚餐要吃什麼？」家裡的戰事就停火吧！

關鍵字

離婚後之未成年子女監護、略誘罪、民法第一〇九一條、刑法第二四一條、兒童權利公約。

毛小孩是誰的？

最近親子議題沸沸揚揚，都是聚焦在子女監護權歸屬的問題。

「媽咪，謝謝妳們沒有讓我們陷入選擇困難之中。」妹妹突然感慨：「如果你們離婚，真的要我選，我還不知道要跟誰？」

（其實，媽咪結婚第三天就後悔了，二十幾年的婚姻生活，沒有離婚的念頭出現，那才是騙人的。只不過婚姻這件事，講起來可是要五十萬個字才可以稍微進入重點哪……）

媽咪冷笑：「我只要上法庭，要求法官當場讓爸爸跟我一起示範如何包尿布泡奶粉，我一定可以爭取到監護權。」妳爸爸根本分辨不出尿布的正反面，至於奶粉與水的比例？他應該比較清楚各式啤酒的酒精濃度。

「唉呀，各自分工嘛！」爸爸申辯：「老婆擅長的事，我就不搶著去做了。有這麼能幹的老婆，才有這麼完整的家。」

是喔？怎麼我常常聽你誇讚我擅長很多事：做菜、洗碗、打掃、洗衣晾衣、幫小孩看功課、參加親師會、跟孩子談心、準備年夜飯……這些都歸我處理。說半天，你擅長而且可以分工的部分只剩下倒垃圾跟耍嘴皮子？

如果我們家養一隻狗，你大概也會說，遛狗是我擅長的事吧？

「好啊養狗養狗。」妹妹歡喜不已。

媽咪也很想啊，只是將寵物迎進家門，茲事體大，在我心中，跟收養小孩是一樣需慎重考慮的。我們可以提供牠什麼樣的生活環境呢？家人們可以共同承擔對牠的照顧嗎？不僅是吃喝陪玩洗澡而已，這是一輩子的牽絆。

「感覺比結婚還要慎重啊，媽咪當初跟爸爸結婚的時候，有沒有想這麼多？」哥哥問。

我以為你爸爸跟狗狗一樣，忠誠老實，聽話好調教。說實話，現在要我選老公或者狗狗，我寧可選……啊不能這樣講，惡魔跟天使怎麼比擬呢？

爸爸皺皺眉，不吭一聲走去拿掃把，開始掃地。

電視上正播出明星離婚的消息，財產、子女監護權都沒辦法談妥，鬧得沸沸揚揚。

離婚，是一段關係的終止，雙方在處理共同生活的物品時，真的要好好商量，難道連婚紗照都要剪一半各自帶回嗎？「妹妹，以後不要花錢拍太多婚紗照，節省下來去蜜月旅行多好。」媽咪過來人，特有感觸。

「妳放心啦！我又不會結婚。」妹妹斬釘截鐵地回答。

別太早下定論，人生很難說的。感情這件事，不是一句斷捨離就可以結束。有時候，難分難捨的不是人，而是寵物。

「離婚的時候，狗狗該歸屬誰呢？」哥哥翻開手邊的小《六法全書》（唉，法律家族，家中的小《六法全書》遍布各處），「民法的觀點，狗狗是屬於物，動產。」

二〇二二年一月，西班牙通過一項法案，首度認定寵物是「有生命的情感生物」，而非僅是物品。離婚夫妻對於貓狗寵物的監護權，應等同孩子般對待。所以家事法庭在裁定誰來照顧寵物時，必須考慮動物的福祉，以及家庭的需要。如果有一方殘忍對待動物的前科，可能會失去寵物監護權或失去探視權。

「夫妻為了寵物到底應該歸誰而鬧上法庭，怎麼處理呢？」妹妹狐疑：「難道要把狗狗韁繩放掉，然後看牠走向哪一位主人嗎？」

媽咪感嘆：「如果親子監護權問題能夠這麼容易解決，天下就太平了啊！」

農委會依據動物保護法第十九條授權規定，頒布「寵物登記管理辦法」，也有縣市政府以自治條例規定「犬、貓」都要辦理登記。依據動物保護法規定，飼主可以是動物的所有人或實際管領動物的人。因此，縱使寵物晶片或登記資料記載飼主名字，如果發生爭議，並不能直接認定寵物所有人是誰。況且目前除了貓狗之外，其他寵物並沒有強制要求植入晶片。

「我聽過有人收留飛來的鳥，然後出現另一位號稱也是鳥主人，結果用叫聲以及回應方式來斷定到底是誰養的。」爸爸插嘴。

是啦，最好是你在外喝醉的時候，我呼喚你，你還記得誰是你老婆。

無論情侶或是夫妻，建議盡可能在共同領養時就討論好由誰擔任寵物的所有人、由誰植入晶片，並預立協議，以免日後分手或離婚時，對寵物歸屬產生不必要的爭議。

至於因為毛小孩發生的事件，真的愈來愈多，有毛小孩在街上咬傷人，狗主人被判賠償醫藥費的；還有騎腳踏車撞傷狗狗，騎士要賠狗醫藥費的；也有不懂法令的奶奶，將人家送她的三隻小貓放在籠子裡到菜市場叫賣的（依據動物保護法，販售寵物行為需經過申請許可）；有些縣市政府已經訂立動物保護自治條例，要求在公共場所須牽繩，否則會遭罰鍰；飼養的方式也有要求，例如在一樓經營店面，卻將寵物狗直接放養的行為，不僅容易嚇到路人，狗狗也容易遭遇危險；還有在外散步的狗狗，也會互相看不順眼發生衝突，造成損害。寵物相當於我們的家人，照顧與責任是一體兩面的。

「植入兒女身上的晶片，就是爸爸媽媽對你們的愛。」媽咪下結論：「就不知道老公對老婆的愛，是幾吋的晶片呢？」

妹妹搶先回答：「就看爸爸送媽媽幾克拉的鑽戒囉？」

乖妹妹，真是善體人意，媽咪沒白疼妳了。

關鍵字

寵物晶片、動物保護法、寵物登記管理辦法。

前世今生的情人

黃道吉日，家有喜事，哥哥妹妹的大舅舅今日為兒子舉行結婚典禮宴客，看到表哥穿西裝打領帶在門口迎接，跟平常隨性邋遢的形象差太多，「表哥，你這身燕尾服好像是企鵝一樣，好好笑。」哥哥講話不留餘地又沒禮貌，都是跟爸爸學壞的。

「哪有，我覺得很帥啊！」媽咪掏出紅包，趕忙獻上誠意。

「唉呀是簡單的婚禮，我們不收紅包的。」舅舅跟舅媽婉謝。

看到新郎新娘牽手出場，媽咪不禁回想：「我結婚時你們的阿公牽我的手走紅毯，我激動到眼淚把妝都弄糊了。」

「是喜極而泣吧！終於要奔向白馬王子的懷抱了。」爸爸說。

「爸爸，你到底是哪裡來的自信？」妹妹說：「我聽過媽媽抱怨，她是一朵鮮花插在……」

「妳結婚的對象，一定要經過我同意。」爸爸即刻聲明。

妹妹翻了一個到天邊的白眼。

女兒是爸爸前世的情人，爸爸現在終於可以體會，當初你丈人把我的手交給你的時候，是怎麼樣的心情？

「無論是前世的情人，還是今生的情人，都要好好愛護。」媽媽勸誡。

婚禮結束之後，爸爸嚷著要去鬧洞房。

「你也夠了，我同學的婚禮，哪一個沒被你鬧過？」媽媽受不了：「憑藉著學長的權威身分，還命令新郎新娘交換衣服穿。那位已經是大律師的新郎，到現在應該還有創傷症候群。」

「大家看了都很開心啊！」爸爸辯解：「而且最開心的是新娘。」

「那你們結婚的時候，有沒有被那些同學報復呢？」哥哥好奇。

你覺得呢？

當天爸爸的四個姊姊嚴陣以待，婚禮結束之後，在房間門口站成一排，硬是把前來「祝賀」的同學都一一勸走了。

當初爸爸一臉失望的表情，我都還記得。我和他兩人在房間相對無語，只好深夜打電話給同學，請他們外帶一份臭豆腐加上滷味（當然還有啤酒）到我們房間，七八個人暢聊到天亮。這就是爸爸媽媽最浪漫的新婚之夜。

「我絕對絕對不要結婚！」妹妹聽完之後，更堅定了意志。

無論結婚與否，都是一種生命樣態的選擇，媽咪尊重妳。爸爸勸說：「爸爸希望有人可以照顧妳。」妹妹回嘴：「我可以照顧我自己。」

讓媽媽說部電影給你們聽吧！

一對熱愛戶外運動的情侶，決定廝守一生，黃道吉日當天前往教堂舉行婚禮，親友等候著見證他們的幸福時刻。這對新人搭乘禮車抵達教堂之前，不幸發生車禍，新郎傷勢嚴重昏迷，面臨是否要截肢以保性命的抉擇。醫師考慮採取另外一種不截肢的治療方法，但是有百分之二十的死亡危險性。

醫生問家人，新郎父母面面相覷，希望保命為先。新娘卻說：他一定無法承受失去一條腿的生活。

「怎麼辦呢？」哥哥妹妹也皺著眉頭思考著。

醫師也一樣陷入兩難，但是他很有概念地問了一個問題：「婚禮儀式舉行了嗎？」

只差五分鐘的路程、在牧師前立誓、交換戒指之後，新娘就可以成為新郎的法定代理人。可是，尚未完成婚禮的這對新人，在法律上還未成為夫妻（我國法律，結婚要去戶政機關登記才生效），依據法律，父母還是新郎的醫療代言人。

「很抱歉，醫師必須聽父母的。」醫生只好準備進行截肢手術。

新娘的律師好友幫忙向法院申請假處分，法官火速到醫院聽取兩方的意見。

新娘說了一堆他們相處的事，婆婆不耐煩地打斷：「我對你們的愛情故事沒興趣，我在乎的是我兒子的命。」

眼看兩邊堅持不下，病人的腳指開始發黑，再不動刀就來不及。

「唉呀！真的很難。」爸爸也關心結局了。

呼~我口渴了，想喝杯咖啡耶！

「媽咪不要吊人家胃口，快講快講。」哥哥妹妹懇求。

在手術房前，醫師問法官：到底裁定結論是什麼？

「他父母認識的是自己的孩子，他太太認識的是成年的他。應該讓即將成為他太太的人，替他決定。」法官回答。

「哇！好符合人性的判決！」哥哥妹妹不禁讚嘆。

是嗎？這種艱難的時刻，要做個決定的關鍵，必須要提出雙方信服的理由，符合法律精神以及利益衡量，這些都要燒掉法官的幾千萬個腦細胞啊！

「難怪媽媽白頭髮愈來愈多、皺紋也是一〇一層！」妹妹心疼地說。

我怎麼沒有感覺到被安慰？

「然後呢？」爸爸也在催問。

當然最後是喜劇收場。新郎保住了命，也保住了腿。戲劇終究是戲劇，現實的人生裡，比這更殘酷的事，天天在法庭上映啊！

「像我這樣決定不結婚的人，如果發生這種情況，要找誰來問呢？」妹妹突然想到。

「台灣是亞洲第一個立法實施病人自主權利法的國家（二〇一六年公布、二〇一九年施行），可以經由「預立醫療照護諮商（ACP）」，事先簽署「預立醫療決定（AD）」，媽媽回答。

「這是要預立遺囑的意思嗎？」哥哥問。

不一樣喔！遺囑大多是關於身後財產的問題，而「預立醫療決定」是讓病人在遇到意識昏迷或無法清楚表達意願的情況之前，能夠清楚地事先表示是否同意接受維持生命的治療、流體餵養等措施，以及其他醫療或善終等決定。

「尊嚴善終，應該是所有人的想望。」爸爸認真回應。

病人對於自己的病情、各種醫療選項，應該有知情的權利，也有決定的自由。如果說遺囑是LAST WILL（個人最後意志的表達），那麼，對於生命最後旅程的醫療、救助以及善終措施，更應該尊重每個人的自主決定及選擇吧！

「雖然如此，還是希望妳找一個伴。」爸爸繼續勸說妹妹：「要不然爸爸哪有機會在婚禮上致詞呢？」

你平常講話還不夠多嗎？不管是前世的情人還是今生的情人，你只要好好對待，就保你這輩子平安。

關鍵字

遺囑、民法第一一八九條，預立醫療決定、病人自主權利法。

被祝福的生命

妹妹在浴室哀嚎，媽媽緊張地跑過去察看怎麼回事？

「我的痘痘又長出來了～」妹妹哭喪著臉。

「唉呀，腦袋裡的東西比較重要，有學問的人不怕醜！」哥哥幸災樂禍地回應。

最好是啦！昨天晚上你參加迎新舞會，還不是穿西裝打領帶，用掉半罐髮膠。看場合決定適當合宜的衣著打扮，是對自己的尊重，也是禮貌與教養的表徵。

「媽咪帶妳去看敏綺阿姨。妳也要早睡早起，徹底清潔皮膚才行。」哥哥也一起去，男生女生，都一樣要重視面子問題。

媽咪的乾姊敏綺是皮膚科醫師，喜歡動物的她家裡有三隻狗五隻貓以及兩隻蒼鼠。利用假日晚上，我們拜訪她家，解決完哥哥妹妹的皮膚問題，敏綺阿姨再度叮嚀他們要注重清潔、保濕防曬，妹妹迫不急待追著那些貓咪狗狗玩耍。

「阿姨，貓咪生小孩的時候，讓我領養一隻回家好不好？」妹妹拜託。

「沒辦法啦！貓咪們都已經結紮了喔！」敏綺阿姨笑笑回答。

「養貓咪狗狗，一定要讓他們結紮嗎？」妹妹大為訝異。

寵物的繁殖、買賣或寄養，都需要申請許可。所以像我們這樣一般的家庭養育寵物，基本上都必須幫他們絕育（動物保護法第二十二條第三項），如果有特殊情況需要免絕育，要申請許可才行（參考行政院農委會頒布之「申報特定寵物免絕育及繁殖需求應注意事項」）。

「養寵物卻不讓他們生小孩？好像有點殘忍？」妹妹說。

咦？妳不是整天說不要結婚，也不要生小孩。

「生小孩會痛啊！」妹妹抗辯。

生物的繁衍，是一件奇妙的事，我們應當尊重自然的運行。是否生養下一代，是一件嚴肅的事，無論是人或者動物。為寵物貓狗絕育，是讓寵物主可以盡心盡力照顧，避免過多的生產導致無法兼顧品質。

然而，對於某些物種，反而要保持牠們的生殖力。

「妳記得上次來我們家河邊的時候，跟哥哥一起釣魚嗎？」敏綺阿姨說：「我們釣到比較小隻的魚，都會放回河流裡。」

還有阿公的故鄉苗栗縣後龍鎮，附近的灣瓦海岸盛產海瓜子（小眼花簾蛤），當地的漁民遵守每年十二月一日至次年三月三十一日禁捕的規定，也採取輪區採補，僅捕捉二十五豪米以上的成熟體，確保海瓜子生生不息。

「我最愛吃炒海瓜子！」哥哥津津有味回憶著。

我們都見識過哥哥在熱炒店大吃特吃的實力，如果沒有好好培育養殖這些海鮮，哥哥一個人就可以吃掉一片海洋了。

臺灣的生育率，已經敬陪世界末座很久了，這也是個嚴重的問題啊！

「雖然媽媽埋怨連連，但是還是很高興生了你們啦！」媽咪趕快勸說：「早一點讓我當阿嬤，我會很開心的。」

哥哥妹妹無奈回應：「媽咪，我們還是學生耶！」

也對啦！什麼階段就做什麼階段的事，民法修正後，二〇二三年一月一日開始施行，男女結婚年齡都是十八歲，也不再需要法定代理人同意，因為十八歲就是成年人了喔！

「成年之後一點好處都沒有，零用錢還是沒有增加。」妹妹大嘆。

妳可以去打工啊！自己賺的錢，用起來更心安理得。

「暑假到了，許多醫院開始接到電話。」敏綺阿姨說：「很多學生詢問關於捐精捐卵的事情。」

依據人工生殖法規定，捐贈精卵應為無償行為，但檯面下仍有「營養金」的風俗。即使國民健康署有規定營養金的上限，依然是筆相當可觀的數字，捐卵一次，就是多數人好幾個月的薪水。

「用這種方式打工？我才不要！」妹妹搖頭。

的確，尤其是捐卵的過程，捐贈者需要連續七天施打排卵針，並用超音波追蹤，等卵泡夠大之後，再取出卵子。想要取出卵子得先全身麻醉，醫師會以陰道超音波確認卵泡位置，然後插針將卵子吸出來。

「太可怕了！」妹妹摀住耳朵。

「即使是捐精，也不是隨隨便便簡單的事。」媽咪補充。為避免同一人重複捐贈，易造成血統混亂，因此捐精必須是「未曾捐贈」或「曾捐贈而未活產且未儲存」，也就是基本上一個人一生只能捐一次。

看著哥哥失望的表情，原來孩子們的腦袋想過的東西還真不少，爸爸媽媽可別以為他們還小，有機會真的要多多溝通。

「有幸能夠擔任媽媽的角色，我們都非常珍惜。」媽媽回憶著，當初領到孕婦手冊，都很聽話地遵守上面的規定，準時做檢測，超音波、羊膜穿刺、妊娠糖尿病……各種檢查都要注意。

「連最愛的咖啡，都忍著不喝。」媽咪還記得辦公室同事煮咖啡時，總是追著那香味跑，聞一聞都好。

「孕婦都希望胎兒健康，可是總有不得不中止懷孕的情況發生。」敏綺阿姨提醒。依照優生保健法，施行產前檢查時，醫師如果發現有胎兒不正常者，應將實情告知孕婦或其配偶，在法定要件下，還可能選擇施行人工流產。

無論如何，每一個生命都應該被祝福。回想起第一次在超音波儀器上看到你們大大的頭以及小小的四肢，那應該是全世界最美麗的黑白照片，媽咪還珍藏著。

「說到照片，欸記得你們拍婚紗照的時候，媽咪也要參一腳喔！」馬上交代清楚以免忘記。

「吼～媽咪拜託！」哥哥妹妹翻白眼。

「還有還有，蜜月旅行也可以讓我跟嗎？我住你們隔壁房間就好，比較方便照顧……」我追著哥哥妹妹跑，他們趕忙抱著貓咪走開，頭也不回。

關鍵字

成年、民法第十二條；寵物絕育、動物保護法；捐精捐卵、人工生殖法。

法學小講堂

談生論死，不是禁忌

家庭是最小的社會。

家庭的組成份子，除了有血緣關係的親屬之外，還有因為婚姻、收養、旁系親屬或者願意同居共財的人。當然，現在更多的是：毛小孩以及各種寵物。

因為是小型社會，所以彼此間的關係，糾纏著感情與倫理、道德與習俗，是要承襲舊有模式，還是依循新方法相處？無論如何，摩擦與爭執，一定不會少。那麼，有沒有適合解決家庭問題的法律呢？

以前健康教育課本第十四章，是上課的禁忌。現在，許多習以為常、循規蹈矩的倫理議題，在與孩子的互動討論中，一再挑戰我固有老舊的神經，激發出令我驚奇的新觀點。

借腹生子可以嗎？賣精賣卵可以嗎？孩子的名字該誰取？身分證上的父母記載欄位有必要嗎？同性配偶可以收養子女嗎？延續下一代的生命，真能完整自己的人生？對人，對寵物，是否皆以一視同仁的價值看待？孩子飼養寵物，讓他們有「命名權」的結果，是否可喚起他們的思索：我的名字又是誰給與的？我可以修改或放棄嗎？對於孩子（以及毛孩子）的監護與照顧，到底該考慮什麼樣的因素？尊重的是誰的意願？我們可有勇氣談論親人與自己的死亡，並有充分準備的安排呢？生命的開始與結束，有可能自己掌握嗎？

決定選擇自己生活的樣態時，婚姻是必要的嗎？所謂幸福的生活，是家族緊密連結還是獨活自在人生呢？家庭分工的模式，每一天都在上演給孩子看，「男主外、女主內」如果被嫌過時，那麼自己家庭的獨特劇本如何展開？每個人的角色是否已經選定？當婚姻的本質改變，親子間的連結以及監護權的歸屬，是否有充分考量每個人的意願？所謂子女最佳利益、保護照顧義務及權利，真正的內涵是什麼？這樣的案件始終讓我困頓許久，換位思考的結果，也陷入選擇困難，往往無言以對。

「平等」是天賦人權，也是生命最該被讚賞的真諦。尊重每一個生命，落實在法律的實踐上，從起源（優生保育法）到結束（病人自主權利法、安寧緩和治療條例），法律的規定，看似刻板嚴肅，其實都是試圖在倫理與人性的交界處，用進步的醫學觀點，找出適用的規則，不斷地在宣示「尊重生命」的理念。

法律生物課，其實都是在扣問著這些重要的問題：「我是誰？」、「我來自哪裡？」、「誰來決定我的存在？」當然，到了最後，誰都要面對的問題：「我將往哪裡去？」、「我留下什麼？誰可以拿取？」、「誰來踐行我最後的意志？」

顯微鏡下的細胞，清晰明確，無論是達爾文主義或是自然演替規則，生命的延續，浩瀚宇宙與細胞內在形成的奧祕，人類一直在探索。

逼問生命本質的法律生物課，倫理與法制持續拔河，無論是和緩調整抑是彼此交戰，但願這過程激起的火花，可以讓我們持續思索，人性尊嚴的本質，生命意義之所在。

輯三

法律文學課

愛要怎麼說

一字千金

秋高氣爽的季節，淡水河邊的夕陽倒影特別動人，爸爸走著走著又吟起詩來：「一年好景君須記……」

哥哥接了下一句：「正是橙黃橘綠時。」

媽媽聽了好感動，哥哥是大一新鮮人，必修的國文課，居然有數十堂課可以選擇：詩經、莊子、紅樓夢、章回小說、三國演義……好羨慕啊！大學時代就應該開放視野，探索自己的特質，還可以藉由活動交到志趣相同的朋友，真是太棒了，媽媽年輕的時候啊……

只見哥哥跟妹妹逕自往前走，彷彿很害怕又聽到媽媽的「想當初」、「話當年」。

妹妹撒嬌：「媽咪我肚子餓了～」看著這餐廳外懸掛的「百年老店」招牌，好像不錯喔！妳看，有歷史傳統的東西還是比較可靠的。

走近一看，「百年老店」是沒錯，後半段多了一句「還差九十九年」。

吼～～

哥哥哈哈大笑，「我上次經過一間滷肉飯店，招牌是『祖傳三代』，後面小小字：『目前第一代』。」

這些創意無限的店，真是詼諧有趣。文學創作，運用一字，顯現不同境界。法律用語，差一個字，不只值千金，如果用字不精確，甚至因而產生賠償或被罰款的數額，是很驚人的喔！

「真有這麼嚴重？」妹妹手忙腳亂地舔著冰淇淋，很好奇。

媽咪指著路邊的住宅銷售廣告，「大公小公一律透明化。」妳看得懂嗎？

「什麼大公小公？阿公還有分大小嗎？」妹妹問。

大公、小公雖然不是法條正式用語，但是房地產交易習慣常常使用，買賣雙方有時候對於其中的意涵也是一知半解，各自表述。例如社區裡的花園、遊戲區、健身中心，是大家都可以去使用的。但是停車位呢？車道呢？大樓最上層的屋頂呢？

「這個涉及到公寓大廈管理條例第三條、第七條……」爸爸開始要說了。妹妹趕快打斷：「爸爸不要背法條，你解釋這兩個字就好。」妹妹指著兩間店面，關閉的門上分別貼著「售」、「讓」。

「這兩個字有什麼差別呢？」

有些商店的經營者，是向房東租店面，然後自己裝修、購買生財器具，例如餐廳需要廚房的爐具、鍋碗瓢盆、用餐的桌椅等等。可是因為疫情影響，無法繼續經營，如果決定要結束營業，希望有同業來接收他們的器具裝潢，就簡單的用「讓」這個字來表達。

「房東會同意嗎？」妹妹擔心。

妳問到重點啦！房屋租約往往一簽就是好幾年，如果還沒有到期，想要提早結束，甚至需要支付解約金。「讓」的意義包不包括把房屋一併轉租給接手經營的人？需不需要房東同意？最好在租賃契約一開始就寫清楚，還有包括租期結束後是否要回復原狀，加上拍照、列清單存證的方式，避免爭議。所以，不是想「讓」就可以「讓」的。

「妹妹跟我搶東西的時候，都要我讓。」哥哥埋怨。

妹妹厚著臉皮說：「大讓小，應該的啊！」

爸爸跟哥哥兩個人皺眉，無奈地搖頭。

難道爸爸對我也有同樣感慨？正想質問，爸爸趕緊轉移話題，「這個『售』啊，應該就是出售房屋的意思，」爸爸解釋：「無論是委託仲介，或者自己出售，不動產所有權的買賣，一定要簽訂書面契約，然後去地政機關辦理移轉登記。」

（民法第七五八條。）

「出售房子，也是連同屋內的東西都一起賣嗎？」妹妹問。

嘿法律系大一新鮮人，哥哥你來回答吧。

「我又還沒有讀到這個章節，民法債篇買賣是大二的課程……」哥哥想要逃避。

不用背法條啊！用基本的概念去想就好。一般人在交易時，會有什麼想法呢？就算不懂民法條文，只要是交易習慣，跟生活經驗相符，其實就是法律規定的精髓喔！

「跟買汽車一樣吧！基本配備一定要有，如果有要加送的，要先講清楚。」哥哥想想說。

對啦！買賣房屋，眼睛看到的：冷氣、廚具、瓦斯管線、傢俱、窗簾，甚至花園內的草木，不一定都在交屋範圍內，最好要在契約上寫清楚買賣標的內容。參觀樣品屋，也千萬別被精心的裝潢設施迷惑喔！

「當初有人在新生宿營時，一副賢妻良母的樣子，又會烤肉又會彈吉他唱歌，果然我還是被迷惑了啊！」爸爸搖頭嘆息。

疫情影響，哥哥的開學典禮也是線上舉行，最刺激的新生宿營也取消，真是很可惜呢！趁著夜色，可以背幾句詩、唱幾首歌，很多無知的少女就會陷入戀愛的迷惑之中了。

「對啊！開學典禮取消，都看不到其他系的漂亮女生……」哥哥無限遺憾。

咦？本系的女生難道不夠美嗎？是誰給你「法律系無美女」這樣的錯誤觀念？讓人憤慨萬分。

哥哥斜眼看著爸爸，不敢多說一句話。

嘿新鮮人，你們這些即將成年（記得二〇二三年一月一日開始，十八歲就算成年了喔）的學生，如果在外租屋，記得簽約前要向學校生活輔導處詢問，或者是在內政部網站搜尋「定型化租賃契約」，記得謹慎讀好每一條約定，字字慎重，就像是寫情書告白一樣喔！

「現在誰會寫情書告白啊！」哥哥反駁。

唉～媽咪真是想念那美好的書信往返時代，揣想收信人的心情，期待回應的字句……當然也有陰錯陽差，導致誤會，錯過真愛的遺憾，像是《千江有水千江月》的大信與貞觀。眼看著淡水暮色，滾滾逝水，秋雁飛起，不禁心生感嘆，喃喃自語「落霞與孤鶩齊飛……」

爸爸走了過來，接上：「秋水共長天一色。」

「媽咪，唸詩又填不飽肚子，我要吃海鮮啦！」妹妹提醒。

詩很重要的，蘇東坡就曾經以一首詩換兩隻螃蟹，才會寫出「堪笑吳興饞太守，一詩換得兩尖團」的感嘆。文人食蟹，理所當然，走吧走吧！螃蟹大餐在等我們了。

關鍵字

租賃契約、不動產所有權移轉、民法第四二一條、第七五八條。

這樣說話也不行？

上班時，最怕手機螢幕看到學校打來的電話……

提心吊膽的接起來，是哥哥打球跌倒？還是妹妹又發燒？

幾年下來，媽咪的心臟也練強了，天塌下來，就……就讓我的硬頭頂著吧！

然而，再堅強的媽媽，還是會有無力的時刻。

還記得幾年前，媽咪要開庭前，接到妹妹的電話，只聽到她哭哭啼啼，同學接過話筒，告訴我：「剛才午餐時，我們在裝飯菜，有幾個男生在旁邊鬼吼鬼叫，對我說，哇妳這麼胖了還吃這麼多！」

然後妹妹就崩潰了，大哭不止，同學趕快把她帶出教室。

「麻煩妳現在把妹妹帶去輔導室，我打電話給導師，請她幫忙。」媽媽冷靜地說。

導師接到電話，驚訝不已，連忙說她會去處理。

媽咪調整心情，穿上法袍，我現在可要履行我對國家的義務。之前好幾次，妹妹提到有男同學講她怎麼吃這麼多，我翻了翻白眼，「不要管他們。無聊，妳不會回嘴說：你吃這麼多還長這麼瘦，真是浪費。」奇怪，我吃多少關他們什麼事？

妹妹說：「可是他們還是繼續講啊！」

「妳不要有反應，就讓他們講，幾次之後，就不會講了啦！」媽咪當時顯然已經忘記青少女的心思，也不太懂得校園的生態。

然後，會考前兩個禮拜，妹妹像是被最後一根稻草壓到，終於受不了。

媽咪當時心不在焉的開完庭，回到辦公室，接到導師電話，說妹妹已經平靜，很好。

導師要求男同學向她道歉，並且跟全班宣示，不可以講這樣的話語。

我不敢告訴爸爸，因為我擔心，他會衝到學校，拿起掃把往那幾個男生頭上打下去。前世的情人被欺負，他應該會如此。

（至於這輩子的情人受委屈，每每在夜裡跟他哭訴，而他鼾聲總比我的眼淚先出現。家裡有這樣的老公，我還需要敵人嗎？）

我這個沒用的媽媽，才剛剛在法庭上冷靜理智地指揮訴訟，對付難纏刁鑽的當事人，面無表情地依法行事，心中波瀾不興。

脫下法袍，我只是個媽媽，心疼女兒受到傷害的媽媽，捨不得她卻又想讓她成長堅強面對。主持過多少次家長會議，參加學校的各種獎懲會議，總是希望留給學生機會，他們可以犯錯，但是要知錯，要改進，要誠心理解「尊重他人」是一件多麼基本的事。

我好想跟那些男生講：你可以不喜歡我女兒，你可以認為她醜她笨她胖，你大可不必跟她當朋友。但是，你可不可以設身處地想想，稍微收斂一下無腦的話語，你惡意或是自以為搞笑的這些話，現在無法控制地出自你的嘴，將來可能會讓你付出極大的代價。你不自覺地傷害人，而這些傷害，也會毫無遮蔽的、強力迴旋回來，最終的結果是你自己傷痕累累。

這些他們聽得懂嗎？

觸犯刑法第幾條要關幾年，告訴他們有用嗎？我從來不覺得刑法的威嚇性有用。這是人性，人性的基本尊重，不是法條規定才應該遵守的。教育基本法第八條規定：「學生之學習權、受教育權、身體自主權及人格發展權，國家應予保障，並使學生不受任何體罰及霸凌行為，造成身心之侵害。」但條文是冷冰冰的掛在牆上，我這無用的媽媽，就在辦公室裡，噙著眼淚，繼續寫我的判決。然後晚上回到家裡，給妹妹一個愛的大抱抱。

妹妹前幾天，突然想起這件事：「媽咪，妳還記得我國中時大哭那一次？」

怎麼可能忘記？妳上高中之後，不是還非常嚴格地實施減肥計畫，堅持自己一定要瘦下八公斤才可以？

「唉呀！我已經徹底改過了，」妹妹一邊吃著冰淇淋，一邊說：「健康地瘦身才可以持久，謹慎選擇飲食加上運動才有用啦！」說著說著竟然看著媽咪的肚子：「媽咪，妳不是說要減肥嗎？」

我知道我知道，等我吃完這一桶冰淇淋，就會開始執行減肥計畫了。

妹妹說：「其實，我現在回想起來，他們或許不是惡意的。因為有位男同學跟我道歉之後，問我：『奇怪，妳明明拿的菜比其他人多，我說妳吃比較多，這是事實啊！有錯嗎？』」

咦？連我也懷疑起來了。妹妹認為呢？

「好像也沒錯。但就算是事實，可以這樣評論他人嗎？」妹妹說。

就好像我們常常會脫口而出：哥哥你怎麼長得比弟弟矮？你們真的是同班同學嗎、怎麼你看起來像老師？他是你老婆、我還以為是你媽媽咧……

我們尊重個人的言論自由，但是若刻意拿來比較或者貶抑，甚至用來惡意毀損他人的名譽，可能就有公然侮辱罪或誹謗罪的問題了（刑法第三〇九條、第三一〇條），如果在校園內有這種行為，還涉及霸凌的問題。

（所謂霸凌，是指個人或集體持續以言語、文字、圖畫、符號、肢體動作、電子通訊、網際網路或其他方式，直接或間接對他人故意為貶抑、排擠、欺負、騷擾或戲弄等行為，使他人處於具有敵意或不友善環境，產生精神上、生理上或財產上之損害，或影響正常學習活動之進行。參看「校園霸凌防制準則第三條」。）

「妳現在還會在意這些話嗎？」媽咪問。

「不會了，我胖瘦都驕傲，怎麼樣都美麗。我自己決定。」妹妹開心地轉圈圈。

媽咪眼淚真的掉下來了，我也要跟妹妹學習。

關鍵字

公然侮辱、誹謗、霸凌、刑法第三〇九條、第三一〇條、教育基本法。

讚不讚？誰說了算？

妹妹生日到了，媽咪母愛大爆發，慷慨地承諾：「妹妹想要怎麼慶生？餐廳讓妳選。」

妹妹面有難色：「我很忙，跟同學都約好了……」

眼看著媽媽快要變臉，哥哥扯扯妹妹的衣袖：「好啦好啦！我們一起去吃牛排，還有巨大巧克力蛋糕。」

妹妹心不甘情不願地勉強回答：「好啦！」

時代變了，現在要跟孩子吃飯，簡直比敲定大明星的檔期還難。難不成要媽咪發傳票，強制你們出席嗎？

「媽咪拜託，我們的慶生方式跟你們不一樣啦！像我們哥兒們是玩漆彈遊戲、然後去吃到飽餐廳，接著唱歌一整晚，奔去看日出，吃完早餐才回家。」哥哥說得很流利。爸爸媽媽聽到這一串活動，不可思議地直搖頭。

「期末考時，我們也會在圖書館徹夜不歸，該念的書也不會少的啦！」哥哥趕快補充，或許是看到爸爸額頭上的青筋浮出來了。

終於找到燈光美氣氛佳的餐廳，豐盛色彩的食物一上桌，哥哥拿著夾子就要進攻，妹妹尖聲制止：「等一下，我要拍照！」

這就是現代飲食新規則，動筷子前要讓手機先吃，服務人員還會拿著攝影燈幫忙補光，不忘記叮嚀：「記得要給五顆星評價喔！」

「你們真的會依據這些評分選擇餐廳嗎？」媽咪真的好奇。

哥哥妹妹嘴巴已經塞滿食物，只能大力點點頭。

你們真的會憑良心評價嗎？難道不會有人惡意負評？或者是僱用網軍自我抬高身價？

「我們會看評論的數目，量要夠多、評分才客觀。」哥哥回，「如果只有三則，每一則都是四．九分，還是會考慮一下可參考性。」

說實在，各行各業所謂的「口碑」，在以前多是口耳相傳，街坊鄰居親朋好友相互打聽。現在網路世界，人與人接觸少了，資訊流通的方式卻是快速而且一傳千里。大家可有想到，自己的一個小指頭的動作，可以讓店家門庭若市生意興隆，也可能使店家身敗名裂關門大吉。

「唉呀，那是有流量的網紅講的話才有這麼大的影響力。」妹妹說。

你別小看這些網路話語，三人成虎，有時候真相會被掩蓋，縱使事後發現是誤會一場，已經傳送出去的評論，「凡走過必留下痕跡」，造成的傷害是難以彌補的。如果是網紅，更需要注意自己的影響力，謹慎開口，秉持良心。

「媽咪，吃個飯別想這麼多。」哥哥說，「隨時隨地都在想法律的事情，這樣怎麼快樂享受人生呢？」

沒辦法啊！媽媽是職業病，審理過這麼多案件，很容易在生活中就會遇到相似的情節，常常感同身受。順便告訴你們，「被遺忘權」已經漸漸形成共識了，各國法院也有承認此種權利的判決。

「遺忘？誰敢忘了妳的生日？」爸爸說完，大口灌下面前的啤酒。

奇怪，邊吃飯邊講話，有害健康，你忘記了嗎？

所謂的「更正啟事、後續報導」，其實在資訊海量的現代社會，是否真的可以達到澄清的效果？搜尋引擎如此強大，許多資訊「流傳千古」，如果是誤傳，誰希望自己被貼上永遠撕不下的標籤？所以才會有人提起訴訟，要求網路公司將不實的資料或訊息下架移除，希望這些都可以「被遺忘」。

「可是嘴巴長在人身上，如何讓故意講壞話的人閉嘴呢？」妹妹問。

妳問得很好，所謂妨害名譽、誹謗等等行為，都是明知卻故意貶損，或者惡意傳述虛假事實，導致他人名譽受損。問題是，這種受損所造成的傷害如何補償？如何停止這些如光速般傳出去的訊息呢？許多人想要在法院尋得幫助，試圖提出刑事告訴或民事賠償，但是訴訟需要舉證，出庭，準備資料，傳訊證人，調閱錄影記錄、電腦檔案等等，漫長的訴訟過程也是一種艱熬。

就算結果證明是對方惡意破壞名譽，也不可能拿張膠布貼住他的嘴，或者拿繩索綁住他的手不讓他繼續打字吧？

縱使是判刑（關幾個月出來，或者易科罰金），抑或是判賠損害賠償（精神慰撫金），這也是國家法律懲罰行為人；但那個名譽因此受損的人，以及延伸出來的後續傷害，就真能得到彌補了嗎？

「身陷這種誤會與風暴中的人，他們的無助與遺憾，是很痛苦的。」媽咪感嘆，「可是玻璃心的人也不少，我常常在法庭上看到兩邊當事人，不斷地在指責對方講了什麼話，其實，這些話語不斷重複提起，就像是刀劍繼續往心上射。」更別提，如果是夫妻在離婚官司上的互相攻訐，孩子聽了會有什麼感想？

「妳跟爸爸還不是常常在『討論事情』，其實我們都知道。」哥哥妹妹異口同聲。

爸爸媽媽互看一眼，孩子的眼睛是雪亮的，這家裡的兩位小菩薩，可是時時刻刻在提醒我們啊！

好，新年新希望，媽咪要改過碎唸的毛病，也要檢討講話的態度，別把家庭當法庭，別把孩子當被告，別把老公當律師……咦？爸爸就是律師啊！怎麼辦？

「媽咪，回家之後妳就卸下法袍了，不是嗎？」妹妹輕描淡寫地說。

放下布袋，何等自在。怎麼覺得，孩子比我們大人更像哲學家呢？

關鍵字

被遺忘權、信用、隱私、請求回復名譽、民法第一九五條。

真心話大冒險

寒假期間，哥哥的棒球隊要到台南移訓，媽媽建議乾脆一起去享受陽光兼拜訪親友，難得一家全員出動，爸爸當司機，貼心地問大家要聽什麼歌曲？他來播放。

妹妹突然想起以前的事：「小時候搭爸爸的車進入地下室，音樂都不會中斷，可是媽咪車上的歌曲都會變成沙沙聲，我問爸爸為什麼？」她嘆口氣：「爸爸回答說是因為他的車子比較高級……我居然相信了。」

妹妹翻白眼：「後來才知道，原來媽咪是聽廣播、爸比是放CD。」

妹妹啊~妳終於知道，男人的話不能隨便相信，尤其是律師。

妹妹現在可精明了，買東西一定貨比三家，先看網路評價、再問同學朋友，各種開箱文一定爬得很仔細，千挑萬選，才會下決定。

「以後妳戀愛時最好也一樣精明，不要像媽咪一樣糊塗。」媽咪感嘆。

「我們來玩真心話大冒險！」哥哥突然醒了，高喊一聲。

「這是什麼遊戲？」爸爸皺著眉頭問。

就是你可以選擇：回答問題（而且是講真心話），或者不回答，但是必須完成提問人要求的大冒險行動。

「好，我先。媽咪，妳要『真心話』還是『大冒險』？」妹妹問。

我當然是選「真心話」，做人就是要誠實，光明正大，坦蕩蕩面對一切，讀《論語》的時候，孔子就曾經說過：「人而無信，不知其可也。」還有華盛頓砍倒櫻桃樹，他也是誠實回答……

咦？為什麼我聽到鼾聲四起？最誇張的是，爸爸眼睛也快閉上了。欸你專心開車好嗎？

「媽咪，拜託停止說教了。」妹妹撒嬌提問：「我問妳，妳比較愛哥哥還是愛我？」

那還用說嗎？都一樣啊！

「唉呀這個根本就不是好問題，換我來。媽咪，妳為什麼要嫁給爸爸？」哥哥發動攻擊。

那還用說嗎？當然因為他是法律系最帥最棒最有才華的學長啊！（真佩服自己臉不紅心不喘地回答。）

換爸爸了，「爸爸你要真心話，還是大冒險？」妹妹問。

爸爸持方向盤的手抖動了一下，輕輕喉嚨：「我可以選擇大冒險嗎？」

「哈哈哈，好啊！那我們這次去台南，你要在司法博物館門口大聲喊媽媽的名字，然後說我愛妳。」哥哥妹妹笑成一團。

講真心話這麼難嗎？誠實的代價有多高呢？

「這遊戲真奇怪，要怎麼樣判斷回答的是真心話？而且，是哪一種大冒險遊戲也沒有事先說，資訊不夠充分，如何選擇？締約過程處於不平等的地位、履行契約如何依照誠信原則……」爸爸開始評論。

這下子，哥哥妹妹真的睡著了。

怎麼？要聽你的真心話這麼難嗎？難道要寄發證人傳票給你到庭說明才可以嗎？

「證人必須要誠實回答問題，根本沒得選，一定要是真心話。」爸爸提醒：

「刑事犯罪事實應依據證據認定之，民事案件也需要證人證明待訊問事項，因此在需要傳喚證人時，法律有非常明確的規定。」（刑事訴訟法第一七五條以下、民事訴訟法第二九八條以下）爸爸繼續說明法條。

「可是有時候真的會忘記一些事情嘛！」妹妹努力撐開眼皮抗議：「我又不是故意的。」「對啊對啊！忘記交作業、便當盒放在學校、掉悠遊卡、學生證……每次都用『我又不是故意的』當藉口。」

「偽證罪是要處罰『故意』虛偽陳述的證人，經過具結之後，就要誠實回答，不可以故意亂講話。」爸爸繼續解釋：「像妹妹這樣平常粗心大意，只能說少根筋。」

妹妹點點頭，「對吧！我又不是需要『具結』的證人。」不過，什麼是「具結」呢？

「就像是好萊塢電影中，證人坐上證人席之後，由法警拿著《聖經》，要證人一手摸著、並且跟著他複誦：自己講的每一句話都是事實，絕無半句謊言。」哥哥補充。

嗯~法條不熟，電影倒是看的不少。

因為英美法系國家的信仰及文化因素，而有這樣特殊的法庭宣示制度，我們國家可沒有拿佛經到法庭的傳統，不過民間倒是有去廟裡斬雞頭發誓的事。

「難怪到處都是雞排店，人們要發誓，關雞什麼事？」哥哥大發謬論。

「具結義務就是說，證人到法庭或偵查庭作證時，要朗讀『結文』並簽名或按指印，裡面記載：證人『當』據實陳述，絕無匿、飾、增、減。」媽媽解釋，結文的意思是說，「我今天因為某某案件到法庭作證，會實實在在說出我的所見所聞，不會隱瞞、誇張、增加或減少，如果我故意說謊，我願意接受偽證罪的處罰。」

（參考刑法第一六八條。）

妹妹問：「萬一有人覺得上法庭很恐怖，可以不去嗎？」

配合司法程序，以證人身分出庭，是國民的義務。無論是民事案件或刑事案件，證人受到合法的通知或傳喚，無故不到庭，還可能會被處以罰鍰或被拘提到案。如果有正當理由，真的沒辦法出席（例如：人在國外、在醫院生產等等），也要聯絡發傳票的單位，不管是檢察署或法院，必須向他們請假，視情況配合改期。

「某些特殊情況下，證人是有拒絕證言的權利的。」爸爸補充：「例如身分關係：親屬、前配偶、訂有婚約者。或者是職務關係：例如有守密義務的醫生、公務員……甚至因為證言導致自己或親屬受刑事追訴者，也可以拒絕證言。」

爸爸嘆了口氣，瞥眼看了一下媽咪：「所以，為了家庭生活美滿，以及自己的性命免遭受威脅，你們就別再玩什麼真心話大冒險，要爸爸回答問題了。」

只見哥哥妹妹點點頭，「那爸爸就要帶我們去大冒險，同意我們自己挑禮物，預算沒上限！」

媽媽也贊成。我也要這樣的大冒險，聽什麼真心話？話能當飯吃嗎？

關鍵字

證人、具結義務、偽證罪、刑事訴訟法第一七五條、刑法第一六八條。

誰來為我取名字

妹妹打開家門，氣呼呼的，爸爸在後面一臉無辜。

「怎麼啦？」媽媽雷達啟動，必須要立即平息一場即將來臨的家庭風暴。

「爸爸到學校門口接我，在車上開窗大叫：『豬仔豬仔，快上車。』真是丟臉死了。」妹妹都快氣哭了。

「唉呀我一時心急，就叫了妹妹的小名嘛！」爸爸在法庭被法官罵也不會有這樣子的愧疚感，果然前世的情人最偉大。

「阿公的年代，很多孩子小時候都被叫小豬小狗，」媽媽安慰妹妹，「其實是因為當時醫療不發達，出生後夭折的孩子很多，爸爸媽媽希望留住孩子，所以故意用畜牲的名字稱呼小孩，讓老天爺無法發現家裡多了小孩，就不會被『回收』。」媽咪解釋。

「對啊！我也是出生幾個月後，確定活下來了，才去報戶口。」爸爸低聲回應：「結婚後我可以確定活到現在，也是蠻厲害的。」

「那是因為爸爸傳訊息給媽咪，開頭總是『庭上』或者『YOUR HONOR』。」妹妹觀察細微。

「拜託～別人以為我在家裡也開庭呢！」難道沒有其他的稱呼嗎？

爸爸悶不吭聲走去拿瓶啤酒，噗哧一聲算是回答。

哥哥從房間出來，開心地拿著傳單：「我們一起去吃壽司，有折扣喔！」又是什麼同音字就可以打折的優惠嗎？

「嘻嘻嘻嘻，媽咪是在說鮭魚之亂吧！」妹妹總算笑了，「到底是誰會叫鮭魚啦！」

媽咪從小到大就是被叫「章魚」呀！綽號有時候是跟隨一輩子的，名字更不用說，每一個新生兒出生，父母長輩幫他們取的名字，有些是遵循祖傳輩份的次序（例如同一輩都有「永」字），有些是對孩子的期許（帥氣、勇敢、富裕、快樂），有些是算命缺什麼就取什麼（金、木、水、火、土），還有出生地的紀念、特殊人物的紀念（外國人常常以祖父母名為紀念）等等，認真分析起來，二

○一○年我國民法第一○五九條修改後，孩子從父姓或從母姓都尊重當事人的選擇了，那麼每個人的名字究竟是誰決定的呢？誰有「命名權」呢？自己可以「改名」嗎？

有一位父親因為孩子的名字諧音不雅而遭同學嘲弄，所以依據「姓名條例」第九條規定第六款：「字義粗俗不雅、音譯過長或有特殊原因」，提出改名申請，戶政機關卻以「姓名不雅，不能以讀音會意擴大解釋」拒絕。後來大法官釋字第三九九號認為：「命名之雅與不雅，繫於姓名權人主觀之價值觀念，主管機關於認定時允宜予以尊重。」也就是說，大法官明確地宣示「改名」屬於應受人格權保障的範圍。

「這是父親怕孩子被嘲笑而為孩子申請改名，但是也有父母為孩子取了諧音、意義粗俗不雅、搞怪畸形的名字，造成孩子日後生活上的困擾，恐怕會被認定是父母濫用親權喔！」爸爸提醒。

「什麼叫粗俗不雅呢？」妹妹問。

來看看日本曾經發生過的「惡魔之子」案例吧！

平成五年（一九九三）八月二日，有位爸爸到戶政機關為長男登記取名「惡魔」（AKUMA），事後戶政人員以「從社會通念來看明顯不當，屬於不允許使用的違法名字」為理由，將這個「惡魔（AKUMA）」名字註銷。

「我們小時候晚上不睡覺，媽咪還不是常常罵我們兩個是小惡魔。」妹妹回憶說。

什麼！妳連這個也記得？我只是要刺激你們，希望你們可以改過向上，成為人見人愛的小天使啊！

「那位爸爸為孩子取名『惡魔』的理由也是：希望藉著名字受到注目，刺激子女激勵向上。」爸爸嗤之以鼻：「這種作法從一般社會通念來看，反而讓孩子成為被霸凌的對象，或讓孩子難以融入社會。」

依照兩公約（「公民與政治權利國際公約」和「經濟社會文化權利國際公約」），兒童出生後，立即擁有出生登記及取得姓名的權利，不僅是使兒童法律人格獲得承認，也保障了他能夠接受國家照護和入學教育，避免遭受不法販賣虐待或忽視教養的危險，這當然也屬於我國憲法第二十二條保障基本人權的範圍。

「姓名是用來表彰特定個人，除了個人利益，也與社會活動和公共福祉有關連。」媽媽解釋。

「剛出生的嬰兒如何替自己命名呢？」哥哥問。

命名權的本質應該是兒童的固有權利，由父母基於親權人地位代為行使。後來日本法院認定這個「惡魔之父」，已經構成「命名權的濫用」，當然這位爸爸事後也為孩子另取新名了。

「我長大後總可以幫自己取英文名字吧！」哥哥說。

你綽號叫大谷翔平也沒關係，「就算長大了自己要改名，要記得，依據「姓名條例」第九條第六款規定申請改名，原則上以三次為限喔！」媽咪補充。

「像我就很珍惜爸爸給我的名字，」媽媽說，「而且這個諧音的綽號跟我一輩子，我也很開心。」

就像你們永遠是媽咪的寶貝，無論你們多大，我還是叫你們寶貝，代表我愛你們。

「那為什麼爸爸每次叫妳親愛的，還是會被妳罵回去？」妹妹問。

「因為親愛的不能當飯吃！」媽媽回答，「而且都是惹我生氣之後才這樣諂媚我，缺乏誠意。」

今年情人節，爸爸用環保當理由，只有傳一張花束照片給我，這件事情絕對不能原諒。

關鍵字

命名權、改名、姓名條例、大法官釋字第三九九號。

愛要怎麼說

像我這樣的（中）老年人在社群媒體上寫日記，最好的回饋就是每日動態回顧，隨時可以重返過去，回味精彩。

今日跳出來的是幾年前到日本四國的旅遊，我們下榻在海灘旁的旅店，遠處的小島，因為潮汐的緣故，海底的礁石碎沙路，會漸漸浮現連結到岸邊，稱為「天使之道」。（其實澎湖的奎璧山也有「摩西分海」的奇景，絕對值得探訪喔！）

記得當時的清晨，媽咪興奮地準備出發，「妹妹，快起床，我們去走天使之道。」

「不要！」躲在被窩裡的妹妹堅決拒絕。

「據說跟男朋友一起牽手走過這條天使之道，願望就會成真。」媽咪繼續勸說。

「喔？然後分手就要怪這條路嗎？」翻過身，妹妹繼續賴床。到底是因為天氣冷，還是因為當時妹妹是「母胎單身」（附註：意思是，從母親懷胎出生之後，一直保持單身），妹妹理性（懶惰）地讓人無可奈何啊！

哥哥就不一樣了，大一新鮮人，什麼都想嘗試，當然包括……愛情。

「戀愛對象，是要選跟自己很像的人嗎？還是要互補呢？」哥哥沙盤推演中。

看情況啊！媽媽曾經收過一封信，除了讀不太懂的詩之外，還附上一片楓紅，媽咪馬上暈船，當初真的是為賦新詞強說愁的假文青，根本不知道什麼是愛。

「但是爸爸不是這種人啊！」哥哥很清楚。

沒錯！媽咪從爸爸那裡收到的，只有幾張黃色便利貼。更可惡的是，爸爸說他是寫很多張，到處貼，看看誰有回應。

「媽咪妳也太容易上當了吧？」哥哥妹妹搖頭嘆息。

「什麼便利貼？」爸爸倒垃圾回來，滿頭霧水。看著媽咪兇狠的臉，隱約知道苗頭不對，「我開車載你們出去走走逛逛吧？」

「你們兩個去就好，我們不想當電燈泡！」哥哥妹妹避之唯恐不急。

什麼電燈泡？你們給我乖乖上車，風景名勝就別去了，到大賣場採購生活用品，需要苦力。

哥哥妹妹拿著大型購物袋，無奈地上車。

「來吧！讓你們點歌，今天聽什麼？」媽咪對於促進親子和諧這件事，不遺餘力。

「BTS」、「茄子蛋」兄妹倆爭論不休。

爸爸手指頭一按：「我要帶你到處去飛翔／走遍世界各地去觀賞／沒有煩惱沒有那悲傷／自由自在身心多開朗……我們一起啟程去流浪／雖然沒有華廈美衣裳／但是心裡充滿著希望……」

全家安靜地聽著，哥哥說：「雖然是你們聽的老歌，但我還蠻喜歡的。」

哥哥，有一天你找到願意跟你天涯海角一起流浪的人，大概就是真愛了吧！

愛情啊～這亙古的話題，人類情感中逃脫不了的桎梏，多少可歌可泣的作品都環繞著這個主題。愛，讓人失眠，讓人激動落淚，讓人飄飄欲仙。

「我看到新聞報導，國中生爭風吃醋，A女說B女跟她男友曖昧，就揪一堆同學去跟B女理論，還拿飲料淋她全身，罵她賤女人。」妹妹說。

「我也聽說女同學跟男友分手，男生到她家樓下守候不離開，還不斷打電話給她。」哥哥搭腔。

「更別提索愛不成，憤而生恨，毀了對方的名譽，甚至危害到生命……」爸爸接著說。

夠了夠了!!你們一定要這樣澆熄媽咪的美好夢境嗎？我在法庭上看得還不夠多嗎？

媽咪其實很多感嘆，喜歡與愛，是多麼可貴的感情。我們上課有教數學方程式，背很多詩詞，研究地理、歷史、科學，卻沒有一堂課教我們如何去愛？什麼是愛？

媽咪小時候偷看愛情小說，以為女生一定要蹙眉憂鬱才得人疼；爸爸讀武俠小說，認為江湖男子何必言情，顯然我們都缺乏對愛的學習。

這一門課，沒有教科書，沒有做實驗，更無法複製仿造。表達愛意、該怎麼說出口而不讓人困擾？要如何接受他人的拒絕而不生氣？鍥而不捨地追求，到底是厚臉皮還是不知分寸？每小時連環扣傳簡訊到底是騷擾還是持之以恆？同時間在魚缸內養很多條金魚，是面對愛情的誠信態度嗎？

「金魚當然要養多一點，比較熱鬧。」妹妹以為我們在討論寵物。

唉呀，此魚非彼魚，「子非魚，安知魚之樂？」

爸爸秒回：「子非我，安知我不知魚之樂？」

哥哥抱怨：「你們在講什麼魚？我要去吃鮭魚壽司啦！」

我們家裡，各人都是三句不離本行。哥哥負責吃喝玩樂，妹妹專職吐嘈爸媽，爸爸總是吊書袋背古文。媽咪……就講法律吧！

二〇二二年六月一日開始施行的「跟蹤騷擾防制法」，將「反覆或持續為違反其意願且與性或性別有關」的八類行為入罪，例如：監視、觀察、跟蹤行蹤；以盯梢、守候、尾隨或其他方式接近住所、學校及工作場所；還有以警告、威脅、嘲弄、辱罵、歧視、仇恨、貶抑或其他相類之言語或動作；以電話、傳真、電子通訊、網際網路進行干擾；要求約會、聯絡或為其他追求行為等等，都是禁止的。

「限制這麼多，要怎麼追求女朋友啦！」哥哥抱怨。

要注意，法令強調的是「違反意願」引人不快的追求干擾，基本上就是尊重個人自由，愛情裡也要講求界線，不可輕易跨越。如果違犯跟騷法，會先以書面告誡；兩年內再犯，被害人得向法院聲請保護令；若檢方認為有必要，得聲請預防性羈押，最高可處五年以下有期徒刑或併科罰金五十萬元。

「關關雎鳩，在河之洲。窈窕淑女，君子好逑。」爸爸搖頭擺腦，自得其樂的吟頌著。

「什麼窈窕啦！胖的女生就不可愛嗎？」妹妹氣呼呼。

妹妹別誤會，這句出自《詩經．周南．關雎》的八個字，據國文老師說，「窈窕」比喻女子幽靜美好的樣子，「君子好逑」中的「逑」並非追求的「求」，意思是「配偶」。好逑就是指「好的配偶」，所以啦！意思是，美麗又賢淑的女子，是賢德兼備的君子的佳偶。

「愛情不是契約，沒辦法事先講好內容、簽約、履行。」且讓媽咪再嘮叨一下，「人與人的自由，是建立在人性尊嚴上。愛情無法在賣場便宜拍賣，也不可能團購。每個人都有他自己享有的獨特愛情，但一定要記得：保護自己，也不侵犯他人。」

「難道我要像爸爸一樣，得吟詩頌詞，才可以追到女朋友嗎？」哥哥有點沮喪無力。

「我看我們還是去大吃一頓，再慢慢聊吧！」媽媽提議，「吃飽才有力氣談戀愛！」

關鍵字

跟蹤、干擾、保護令、跟蹤騷擾防制法。

法學小講堂

你讀的判決不是判決

面對法律，總是應該遵循標準。面對人性，常常遭遇兩難的矛盾。兩股拉扯的力量，如何能恰到好處？作為法官，在判斷與決定之前，情與法的交錯，不斷詰問的內心折磨。面對價值的取捨，應該要更謙卑自持，還是要勇敢地坦白宣示？

法條是抽象的文字，但不是任意解釋的創作。言詞隱諱，眾多譬喻，讓讀者自行想像發揮的，是詩句。探究前世今生，綿長傳述各家族血統傳承故事，是大河小說。裁判不是文學創作，判決書裡的一字一句，必須斟酌再三。法官更不可以恣意擴張法律蘊含的價值，更不能天馬行空自行造字。

判決書，是法官在每一個案件裡「認定事實、適用法律」的歸納過程，必須交代理由、法律依據、證據認定之過程以及衡量利害關係的結果。案件的雙方，都會在判決書裡看到勝訴或敗訴的理由。上訴審也會依據判決書來審核是否違反程序、違背法令或者理由矛盾。因為論述必須完整，所以判決書的長度，以及各種專業的用語，的確會築成一道難以越過的閱讀牆壁。

可是，法律宣示的價值，要靠判決書顯現。如果判決書是與大多數人對話的媒介，那麼我們就必須仔細檢視：究竟為何判決書讓人看不懂？有沒有更容易讓民眾瞭解的方式？還有還有，最關鍵的，民眾到底在哪裡看到判決書？

電視新聞九十秒的獨家報導？網路上整理過的懶人包？名嘴在談話節目中侃侃而談的內容？西裝筆挺正經八百的法院發言人照稿宣讀？還是他人口耳相傳的奇聞軼事？

究竟一般民眾願意花多少時間，來關心聆聽他人的故事？任何法律事件的始末，應該要清晰地描述，理性的論證，導出思考方向，誠實檢討批判，讓視聽大眾能夠從案件中體認的，是帶得走的有用知識，以及避免觸法的提醒。

媒體應該不要盡是報導失控的當事人、無理取鬧的挑釁言論，或是恣意猜測恐龍法官一定會離譜地作成荒謬的判決。縱使是茶餘飯後的話題，與自己無關的八卦，手握傳播力量的任何人，千萬不要以淺碟式的報導、片段地擷取其中聳動的環節，未能前後交代因果，只求聳動達到點閱率。如此種下許多誤解的種子，灌溉偏激與毒液，結成的惡果，帶來的厄運，是全體國民都要承受的災難。這不僅需要法庭上每一個角色的努力，盡本分憑良心，也需要媒體自制，更需要國民教育扎根做起。

說實在，法律人（法官、律師、檢察官、法制人員以及司法體系環節的任一份子）就是一個轉譯者。將法律表彰的價值，在真實生活中轉化翻譯為大家都懂得遵守的規則，大家才會慎守分際，相安無事。法律人要釐清並隨時保持客觀中立的思想，不可以偏道離譜隨意解釋，更不可挾專業法律知識而自傲，將法律視為一身獨有的武器而亂揮舞，結果往往是傷人又傷己。

昔日「言而有信」，在網路發達時代，幾乎快要變成「言而有薪」，薪水的「薪」。當我們付出信任，因為他人的推薦而購買產品，一片真心向明月。但是不實廣告或者虛偽誇飾的推薦，卻讓我們的真心落到溝渠內。紙短情長，說的是情意而不應該是騷擾；惡意的批評誹謗，絕不能用「我的出發點是為你好」來包裝掩飾。代表個人的姓名大事，更應該謹慎對待，不可兒戲。但願所有的文字，呈現的都是真實的內涵，發揮溝通的本質。

倉頡造字，鬼哭神嚎；人類制法，難道也一樣？是人類摒棄原始本性、舞文弄墨造成誤解？還是善惡終於得以記錄、而導致蒼生感動？以文字制訂法律，是創造文明還是增加衝突？是構築了互信的橋樑還是陷入分裂的鴻溝？

翻開厚厚的《六法全書》，寫著一篇篇的判決書，我常常陷入迷惘。

輯四

法律理化課

惡與樂的距離

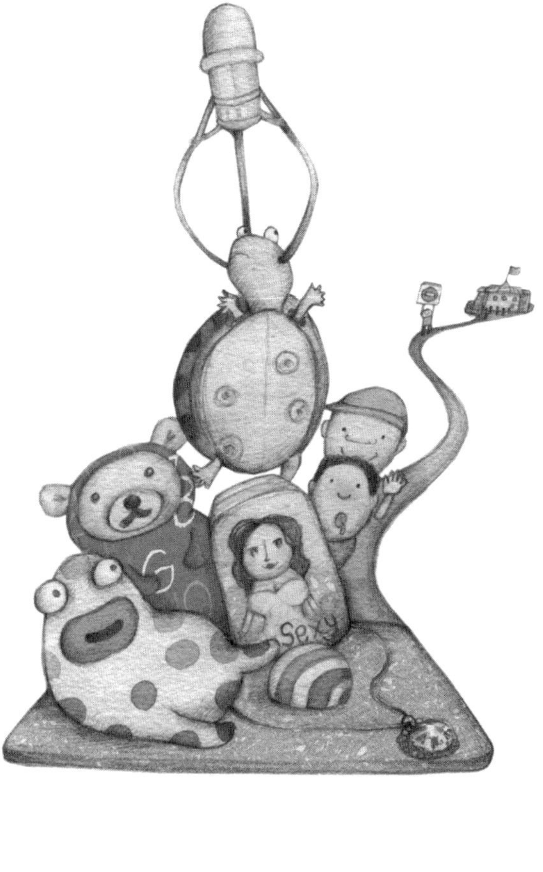

一個隔板、兩個世界

「媽咪，妳跟爸爸以前約會都去什麼餐廳？」妹妹很好奇。

學生時代，能去哪裡？最常去吃的就是自助餐，舀湯的時候要屏氣凝神、才可撈到鍋底的骨頭，幸運的話上面還有殘肉。偶爾去路邊攤吃蚵仔麵線、肉圓，當然最常去的就是學校附近的龍門水餃攤，負責切滷味的小姐心算超級厲害，無論你點什麼項目及數量，她都可以一邊切菜一邊計算加總的金額。

啊～這些美好的舊時光。疫情期間，餐廳桌子都用透明隔板分開，所以就沒辦法進行我搶你碗裡一塊肉、你把香菜都撥過來的各種餐桌大戰。少掉了我餵你一口、你分我一半的用餐甜蜜時光，不知道結婚率是不是隨同下降了呢？

「就算是結婚了，也不見得都可以一起用餐啊～」爸爸感嘆。

是嗎？是誰常常不準時回家吃晚餐？

「不能怪我，律師的宿命就是這樣。情人節當天也是因為去律見，所以才沒空買花送禮物⋯⋯」

算了，你這個藉口用了幾十年了，能不能換個新的？

「我們交往之前我就在當律師了啊！」爸爸申冤。

「律見是誰？可以讓爸爸拋棄媽咪不顧？」妹妹真心崇拜起來了。

「媽咪也有無敵武器，就是值班。」因為值班，我可以在辦公室不用回家煮飯，不去參加你們的班親會（更可以不回婆家盡媳婦的義務⋯⋯噓～）。

「所以媽咪也要當值日生！」妹妹驚呼：「我當值日生的時候，最大的福利就是升旗時間不用去操場曬太陽。」

好啦！我們在比什麼呢？該盡的義務還是要做到。法官值班是很慎重的事，往往要決定被告是否羈押或是交保，還有核發拘票搜索票、證據保全、收容、提審、緊急保護令等等⋯⋯無論是刑事庭、家事庭或者行政訴訟庭的法官，工作內容雖然不一樣，值班時卻都要隨時待命。

「哇～你們跟二十四小時便利商店員工一樣。」哥哥不禁感嘆。你總算是有點良心，知道媽媽的辛苦了，還好你們小時候，有阿公阿嬤來當我的救火隊，幫忙照顧你們。

所謂「律見」，是律師很重要的義務。當事人委任律師，就是希望在法律上獲得協助，尤其是被法院裁定羈押禁見的被告或嫌疑犯，只能在看守所接見律師，簡稱「律見」。

「不是被禁見了嗎？怎麼還可以見律師呢？」妹妹問。

所謂禁見，是指羈押中的被告不可以跟案件相關當事人碰面，就怕有串證、湮滅證據或者勾串共犯證人等等行為。畢竟在最終判決定讞之前，許多法律程序，必須要靠專業的辯護人來協助。此時被告跟律師見面討論的內容，也僅限於跟案件相關，而且通常都有全程錄音喔！（參考刑事訴訟法第三十四條。）

「電視電影常見的畫面，就是隔著透明壓克力版，拿著電話話筒來溝通。」哥哥回答。

對啊！疫情三級警戒時，你們在家線上學習，吵吵鬧鬧的，媽咪恨不得把你們塞到隔音效果特好的另一邊啊！

其實，還有很多地方也設置隔板，例如哥哥剛出生時，送到嬰兒室，親戚朋友們也是隔著透明的玻璃窗，興奮地探視你的長相，阿公仔細比較之後還做出結論：

「我們家的孫子最大最壯，頭髮也最多！」

一個隔板，兩個世界。

有時是喜悅歡樂、有些是攸關生死。透明的隔板，彷彿是一個巨大的絕緣體，看得到但是摸不著，近在眼前卻又咫尺天涯。

新冠疫情期間，法院開庭也一樣用隔板來保持距離，在場者一律戴口罩，證人的表情看不見，律師間的竊竊私語我們也無從察覺，話語經過層層過濾，傳達實在困難，難怪每次開完庭我都聲嘶力竭。雖然因為戴口罩，也省下不少塗口紅的時間……

「妳就算素顏上場，也一樣美麗的。」爸爸趕快補一句。

媽咪冷眼回答：「這需要證明嗎？」。

「電影裡有時候律師跟被告講話，是在房間內，沒有隔板。」妹妹觀察入微。

這應該是在偵查程序中，被告被帶到偵訊室內，由檢警人員訊問，此時被告可以請求選任辯護人（刑事訴訟法第二十七條），就是聘任律師陪同，簡稱「陪偵」，被告可以更加瞭解自身應注意的法律權益。

「偵訊室裡還有一個單面鏡，厲害的檢察官都在鏡後觀察。」偵探影集看很多的哥哥回答。

「有時候，雖然不是實體的隔板，就算是一條繩子或者一張紙，也可以有隔離、禁止接觸的功用。」媽媽提醒。

「桌球高手林昀儒同學下飛機，粉絲們都被隔在遠遠的地方，只能靠尖叫和舉牌表示愛意。」妹妹非常瞭解。

對啊！國民金孫光榮返國，都不讓我們這些粉絲媽媽們獻花獻吻，真是可惡……哎呀扯遠了，媽咪是說家庭暴力防治法的「保護令」，雖然是一張紙，它的功能是在加害人與被害人間，建立一個隔板，禁止加害人「騷擾、接觸、跟蹤、通話、通信或其他非必要聯絡行為」。有時候也會命令加害人遷移，遠離特定場所，或者保持特定距離，例如在被害人辦公室或家裡的生活範圍的一百公尺內，加害人不可以接近。

「保持距離，以策安全。」爸爸發言：「開車和在家，都一樣要注意。」

「算是給予彼此一個冷靜的空間，不受打擾，避免刺激吧！」媽媽感嘆，薄薄一張保護令，是用來保護家庭暴力被害人的人身安全，有時候卻也會激怒加害人。

執行程序上，需要社工人員、警務人員的配合，被害人也要更警覺注意加害人的行徑才行。

「其實，家庭是另一個戰場。」爸爸有感而發。

「你什麼意思？……」媽咪眉頭一鎖，開始訊問爸爸：「我有什麼地方你不滿意嗎？……」

「這個……刑事訴訟法第九十八條，訊問被告應出以懇切之態度，不得用強暴、脅迫、利誘、詐欺、疲勞訊問或其他不正之方法……」爸爸掙扎著回答，只見哥哥妹妹腳底抹油，一溜煙跑走避難去了。

關鍵字

選任辯護人、羈押禁見、律見、陪偵、刑事訴訟法第二十七條、第三十四條。

亮不亮有關係

妹妹在客廳沙發上，拿著相機對著窗外拍初升的月亮，哥哥想要跨越妹妹前面：「妹妹借過。」

「不借不借，」妹妹嚷著：「現在光線正好，Magic Moment，這是拍電影最重要的時刻。你借了，什麼時候還？」

面對無理取鬧的妹妹，哥哥只好嘆氣。

面對中秋美麗的月圓，媽媽也嘆氣。「唉～大學時代，媽媽就是被月亮騙了。」

「媽咪，誰敢騙妳？」妹妹好奇。

就是有學長假好心，在週末下午的法律服務之後，慷慨招待學弟妹們到龍門水餃攤，吃水餃喝啤酒配小菜，說是要討論法律問題，法條沒唸幾句，就開始背詩。

月光柔柔地灑在東和禪寺的屋瓦上，夜色朦朧，聽著學長一首一首朗誦著月亮的詩，有人就這樣被騙了。

「媽咪，這真是太廉價了，」哥哥搖頭：「起碼也要吃一頓牛排大餐啊！」

是啊！結婚之後，媽咪偶爾想要浪漫地開窗欣賞月光，都會被你爸爸的鼾聲打回地獄。

夫妻本是同根生，睏意來時各自眠。每個人的生活習性都不一樣，我是一點點光線和聲響就會醒，爸爸是睡到地震也不知醒來。不僅如此，氣味、光線、聲響，現代生活裡，彼此的安全界線與距離，跟以前大不相同。今天中秋節，勢必又是滿街的烤肉味，媽咪忍不住皺起眉頭了。

至於光線的問題，更是嚴重。曾經有某位民眾不喜歡路燈設在家門口，他認為影響風水，也抱怨光害。他試圖以遮光布遮擋，又導致屋內空氣無法流通，多次陳情也沒有結果，於是乾脆提起排除侵害訴訟，要求市政府移除路燈。

市政府提出答辯，認為路燈是據內政部「市區道路及附屬工程設計規範」設置，燈桿高七公尺、燈具離地五點五公尺，與前後路燈相距約三十公尺，在合理範圍。市政府也曾建議，以原告住宅外牆加裝壁掛路燈的方式，改變路燈照射方向，但民眾不願意動到房子外牆，雙方協調不成。

法院審理時，依據當事人提出的證據照片顯示，照入二樓房間光線微弱，屬於可容忍範圍，若拆除，反而讓路人無法看清道路，滋生更大危害，公益與私益此時便產生了衝突。

「對啊！我晚上騎車回家，更需要照明。」哥哥說。

最終法院就以原告無法舉證路燈的設置導致侵害健康權、居住安寧為理由，駁回原告的遷移請求。

「比較嚴重的是上下樓板的聲響問題吧！」爸爸說：「半夜跳繩、唱歌，或者拖移傢俱，都會讓人發狂啊！」

住在公寓大樓裡，確實有很多這樣的案例，因為噪音蒐證不易，提起訴訟也增添許多麻煩。還有漏水問題，冷氣機、抽油煙機排氣口的設置也常發生爭議。就連同一層樓的對門鄰居，也會因為門口監視攝影鏡頭的方向，認為侵犯隱私而提告的。

至於各層樓的梯間，是否可以擺放鞋櫃或者腳踏車，也常常發生爭執。國家法律無法訂到這麼細，發生問題動輒找警察也緩不濟急。所以公寓大廈管理條例才會規定，住戶們應該以民主方式，因應各個居住環境的差異，訂立最適合的住戶公約。大家要一起遵守，更是最重要的關鍵啊！

「以前我阿公種稻米，休耕時種的地瓜藤，會延伸到隔壁鄰居的土地上，收成的時候，大家都很開心且不計較。」媽媽回憶起童年往事：「時代改變，現在自家庭院的樹枝如果跨過圍牆，連落葉都會被鄰居抱怨。」

「每個人的家都是自己的城堡，」爸爸說：「法律也只能解決各種法定界線的問題，敦親睦鄰這件事，還是要靠修養和運氣啊！」

個人的住居安寧非常重要，日本就曾經發生過，機場附近的居民認為飛機起降的噪音影響生活，因而提起集體訴訟。由於環境意識抬頭，這種對於嫌惡設施訴請遷移的訴訟，真的愈來愈多。

「嫌惡設施？」妹妹問：「是指墳墓嗎？」

算是一種吧！還有天然氣站、電塔，甚至殯儀館、監獄、加油站等等，依現在的交易習慣，應該都算。在房屋買賣時，賣方和仲介都有義務要提醒買方，附近有這樣的嫌惡設施。

「房屋內發生過兇案，也算是一種瑕疵，一定要告知。」爸爸補充。

哥哥回應：「可是也有人不避諱，反而用低價買這樣的房屋居住喔！」

隨著時代改變，自己眼中的寶可能是他人無法忍受的刺。住在醫院或者警察局附近很安全吧？但是常有的救護車、救火車警笛嗚嗚聲，不也破壞了居家的清靜？住在學校旁邊很有文化，但是每節上下課的鐘聲、廣播，學生活動的笑鬧聲，難道不會讓人困擾？

「媽咪現在老了，很懷念你們以前吵吵鬧鬧的模樣。」感嘆光陰似箭：「可以趕快生幾個孫子讓我玩一下嗎？」

哥哥妹妹白眼翻到天邊，完全不理媽咪。

「以前抱著吉他在女生宿舍窗外彈琴獻唱，現在大概會被報警處理吧！」爸爸感嘆。

咦？你以前做過這種事？我怎麼不知道。

「沒有啊！那是我朋友做的事。」爸爸裝傻。

朋友朋友朋友，每次有事情都推給朋友，你的朋友還真多。

不要忘記「跟蹤騷擾防制法」自二〇二二年六月一日開始施行。示愛追求，要有一定的限度。你以為海誓山盟的熱情表現，可能是他人心中的嫌惡設施，避之唯恐不急。

「不如直接告白。被拒絕就說聲：謝謝再聯絡啦！」哥哥很乾脆。

還是寫曖昧的情書比較像戀愛啊！想當初，你爸爸寫的黃色便利貼情書（這個，斷句請正確，重點不是「黃色」，而是便利貼），媽咪到現在都還全部珍藏著呢！

「我要看我要看！」哥哥妹妹嚷嚷。

只見爸爸頭也不回地，起身倒垃圾去了。

關鍵字

嫌惡設施、光害、惡鄰條款、環境權、公寓大廈管理條例。

惡與樂的距離

暑假期間，上山下海的行程都好，總算可以不用早起趕到學校。

「現在反而有點想念學校，」妹妹說：「疫情期間都是視訊上課，好想見到同學，下課一起衝去校門口附近的超商，搶冰棒買飲料，真是幸福！」

媽咪念小學時，放學時間在校門口附近都是攤販，炸甜甜圈、兩相好、水煎包……總是要想辦法躲過導護老師的鷹眼，買一個邊走邊吃，還要記得擦掉嘴邊的油漬，免得回家時被妳阿嬤發現。但神奇的是，每次她都知道，奇怪以前沒有路邊監視器，為什麼做壞事都躲不過媽媽的眼睛？

「遺傳～」妹妹搖頭感嘆。

哥哥滿頭大汗回家，「妹妹妳看，我抓到的寶可夢！」哥哥得意地拿出一隻毛茸茸的奇怪娃娃，「我只花了兩個十元硬幣就抓到了，強吧？」

欸親愛的大學生，你不是說下課後都跟同學去運動嗎？

「操控抓娃娃機也是一種運動啊！需要四肢協調，還有反應力、觀察力、核心肌群……」奇怪，哥哥胡扯詭辯的樣子，怎麼有一種熟悉感，除了在法庭上，我在家裡也常常看到……斜眼望向沙發上看報紙的爸爸，他把臉藏得更深了。

「遺傳～」妹妹再度感嘆。

無人店面愈來愈多，販賣機裡賣的商品甚至包含熱湯麵、拖鞋、項鍊等等，因為沒有營業時間的限制，還有節省各項成本的誘因，確實是一種無可抵擋的現代交易潮流。「自助選物販賣機」就是我們俗稱的抓娃娃機，是利用電力及機械手臂取得商品的遊樂機具，它帶給我們便利與歡樂，但也造成一些問題。

「對啊！我還曾經聽說有抓龍蝦、螃蟹、烏龜，」哥哥說：「還有奇怪的情趣商品、檳榔、福袋，不知道抓出來會是什麼東西，很刺激的。」

這這這、這已經違反動物保護法啦！抓娃娃機的商品，必須是合法的才行喔！

「我常看到『保證取物』的告示，」妹妹問：「這樣算什麼呢？」。

「以前去釣蝦，兩個小時都釣不到半隻，老闆就會給一袋蝦子讓我們烤來吃。」爸爸插嘴：「這也算保證取物吧！」

（保證？你答應我每年生日禮物會愈來愈豐盛，結果呢？結果呢？結果呢？）

理性的經濟活動，只要買賣雙方彼此同意，內容不違法、沒有悖於公序良俗，這就是所謂的契約自由原則。

抓娃娃機是一種商業模式，但是廠商提供的商品，以及放置的地點，卻會造成邪惡與歡樂的兩種結局。商品價格相當、有可預測的結果，就算是遊樂；有不確定射悻性的（即不確定性）、以小博大、不保證結果的，就是賭博。

「對啊！我曾經看過小學生在玩，拚命投幣，每次就差一點點，最後還是沒抓到，最後氣哭了，還當場踢機器呢！」哥哥說。

（「爸爸答應的禮物沒買給我，我也想踢他。」媽咪心中碎唸。以上是錯誤示範，請勿當真。）

這就是為什麼會有法令規定，抓娃娃機器的營業場所必須距離國民中小學五十公尺以上（臺北市政府自助選物販賣自治條例第四條，其他縣市也有類似規定），應該是希望藉由距離的拉開，讓學生在往返學校的路程中不受吸引。

「可是，真的想玩，學生還是會繞遠路過去啊！」妹妹說。

咦？妳有幾次放學晚回家，是不是也繞路去哪裡？

「媽咪，妳上次說要去買牛奶，還不是繞去精品店買了一個包包，還寄放在那裡說下次再拿……」妹妹脫口而出。

爸爸放下報紙，去拿一瓶啤酒，重重地啵一聲打開，喘口氣喝了一大口。

欸欸欸，媽咪是有效率的處理家務事，節省時間，就只是順便、順便而已啊！

「好吃好玩的店，開在深山海邊都會有人專程朝聖。」爸爸說：「抓娃娃機是現代商品販售的新興模式，又能享受歡樂遊戲的趣味。重點是，必須要合法，商品不能買回，避免成為賭博或者洗錢的工具。」

而且機器也必須經過經濟部電子商遊戲機評鑑委員會評鑑，營業場所如有錄影監視設備，也要明確告示。

「怎麼測量這五十公尺的距離呢？而且如果已經先開店了，學校後來才搬來呢？」哥哥問。

那就要問你，禁止溯及既往原則在這裡適不適用呢？商家的營業權，因為法令而被限制，可以主張例外嗎？這難道不是一種「行業歧視」？檳榔攤、糖果店、情趣商品店，與學校之間要不要也有這樣的距離限制呢？

至於距離測量，目前臺北市是以「二建築物基地境界線最近二點做直線測量」，有人建議應該從校門口起算，更有家長認為應該延長到二百公尺。另外也有人建議應規定營業時間，否則二十四小時開店卻無人管理，深夜若有聚眾鬧事，會造成另一種公害。

說到底，應該徹底依法取締違規業者，讓好的商店繼續存在，尤其在這酷暑的季節，跟同學及家人一起，在有冷氣的抓娃娃機商店內比賽，不也是樂趣無窮嗎？

「不如我們家裡也設置一台，裡面放著家事分工的規定，誰抓到就去做那一項。」我隨口建議。

哥哥妹妹大嘆一口氣：「媽咪，拜託不要當歡樂殺手。家裡哪一件事情不是妳說了算？」

爸爸噗呲笑得好大聲，哼哼，不要以為你距離我很遠，我的拖鞋就丟不到，畢竟我大學時也是當過系隊壘球投手的，不信來試試。

「這真是最悲慘的距離。」哥哥妹妹幸災樂禍在一旁，專業的提出球評。

關鍵字

自助選物販賣自治條例、抓娃娃機、營業權、契約自由。

停車暫借問

媽咪要一展廚藝，差遣妹妹去超市買東西。妹妹回家後，氣呼呼地把重重的環保袋放在桌上，抱怨道：「剛才看到哥哥，叫他、跟他揮手，他都不理我。」

咦？哥哥騎腳踏車，速度很快嗎？怎麼會看不到妳呢？

「我怎麼知道？他根本就應該去配眼鏡了，耳朵也要檢查一下吧！」妹妹罵人可都不帶髒字，真是厲害了。（到底像誰啊？）

哥哥滿頭大汗闖進家門，第一件事就是把口罩脫下。

「哥哥，你剛才怎麼不理妹妹呢？」媽咪先發難，免得妹妹講出更難聽的話。

「什麼？」一頭霧水的哥哥無辜地問。

「我在路邊叫你、跟你揮手，要你幫我載東西，你竟然不理我。」妹妹發飆。

「嘿，請問，妳戴口罩在路邊喊我，汽車機車聲音這麼大，我專心騎車，誰會去注意對面有誰？」哥哥反擊。

是這樣嗎？如果是一個美麗的學妹，遠在五十公尺外輕輕呼喊你，你一定會剛好看到，二話不說「順路」載她回宿舍吧！

為了逃避追問，哥哥開啟了新話題。「我同學的爸爸最近很倒楣，」哥哥說：「他們全家去北海岸玩，趕著回家，不小心闖了一個紅燈，然後開上快速道路回家。」

結果呢？

「他爸爸收到兩張罰單，一張是闖紅燈，一千八百元。另外一張是『不聽制止或拒絕停車接受稽查而逃逸』，一萬元!!」

唉呀！這真的有點嚴重，怎麼會拒檢逃逸呢？

「沒有啊！他們並沒有經過任何警察設置的攔查點。全家在車裡，也沒有聽到任何警笛聲。」哥哥解釋：「他們接到舉發單，向交通裁決所異議，看了警察附上的密錄器影像，才知道有一個騎機車的警察在後面追趕。」

你想想會有什麼原因嗎？

「應該是他爸爸闖紅燈之後，警察想要攔停，但是他們車內音響太大聲，沒有聽到，也沒有人留意後方是否有警車在追趕。」哥哥分析。

所以上次我在車上關掉你們選的吵死人搖滾樂，播放理查克萊德門的鋼琴曲，你們還敢埋怨？

「喔～拜託，那會催眠耶！」哥哥妹妹一起示範打哈欠。

曾經有則新聞，有位外國人剛到臺灣，開車途中看到警察設置「酒測檢驗」的標誌，不理解發生什麼事，看著警察沒有對前面的計程車做什麼檢查，計程車就離開；他也搖下車窗，警察揮動警棍並請他靠邊停放，他誤以為是警察放行，就往前開走了。

「哇～這誤會大了。」哥哥問。「這樣子也算不聽制止、拒絕停車接受稽查而逃逸嗎？」

你說呢？

「還是要看其他證據吧？例如駕駛有沒有加速、警察的指示以及內容是否有明確表達制止的意思……」哥哥思索著。

是的，例如警察嗣後有追趕的行為、甚至拍打車輛、或者是將警示燈打開、以擴音器大聲告知駕駛，這時候當然必須停靠接受檢查。因為各種狀況不一樣，真的很難去判斷，是否駕駛真的「明知」警察已經有攔查的動作，卻拒絕接受稽查而逃逸。

「總之，聽到警察哨音聲，比手勢，彷彿感覺到有警車在追趕你，記得先停再說。」媽咪回答。（至於停下來後，是否必須開後車廂檢查，涉及到另一個法律問題喔！）

如果對於員警是否已經同意可以開走，存有疑慮，建議應立即停車確認，而不是繼續駕車駛離。當然也有些人，遠遠看到酒測攔查站，就刻意轉彎拐進旁邊巷子，或者是替換駕駛人、立即停靠路邊裝睡……各種稀奇古怪的方法都有。

「現在到處都有路口監視器，車上也有行車記錄器，一比對，很快就會查出真相。」媽咪叮嚀：「走過必留下痕跡，無論是警察執法，或者是人民據理以爭，還是要依據證據的。」

「聽說道路糾紛發生時，警察一到，還沒處理車禍，就先開一張罰單，那是怎麼回事呢？」哥哥問。

「就像每次我跟哥哥吵架，媽媽一到，不問青紅皂白，就把我們兩個痛罵一頓。」妹妹抱怨。

「那是你們兩個都沒道理，在家裡，該處罰誰，媽咪說了算！」媽咪沒好氣回答。

車輛糾紛發生「肇事」，到底誰有責任，不是任何一方說了算，到底是惡性欺騙的「碰瓷」事件，或者真的發生車禍紛爭，絕對不容許在採證前，任性地一走了之。事故發生第一時間，在安全無虞的狀況下，應該要報警，畫現場圖、照相、留下證據。若是汽車尚能行駛，而不儘速將汽車位置標繪移置路邊，致妨礙交通者，就會被處罰（六百元以上一千八百元以下罰鍰）。但是道路狀況千百種，很難一概而論。當然啦！自己安全要注意，這是最優先考量的。

也有駕駛人抱怨，明明不是我的錯，是對方騎車闖紅燈自己跌倒；或者駕駛從照後鏡看到有機車駕駛摔倒，但是對方已經自行把車扶正且站起來，認為這樣就沒事，所以就開車離開；也有駕駛當場給付給對方一些金錢以為息事寧人，卻沒留下任何記錄或者和解書，結果對方事後反悔再度提告，反而又會再度收到罰單，嚴重的還會被吊銷執照，更衍生刑事過失傷害案件（參照道路交通管理處罰條例第六十二條）。

要記得，道路上發生事故，寧可此時「停車暫借問」，當場畫線拍照、釐清事實，一定要報案做記錄，想辦法保存監視器錄影資訊、尋求現場證人，這是為了保護自己權益，避免被栽贓或誤會。絕對不能輕忽，以為沒事，就輕率地離開現場喔！

爸爸開門回家，帶著一包檳榔。「你什麼時候有吃這種水果的習慣？」媽媽問。

「沒辦法，停車問路，為了要謝謝小姐，總是要買一些東西。」爸爸回答。

「你可以買飲料、結冰礦泉水啊！為什麼買這個？」媽咪怒斥。

「外國客戶說沒吃過臺灣口香糖，要試試看嘛！」爸爸無辜地說。

哥哥好奇地拿起來：「我也想試試看。」

嗯~你們父子自己去嘗試看看，但是今晚牙齒要刷三十遍，最近三天都不要跟我近距離講話。

哥哥爸爸暗自竊笑。

「媽咪，妳這是對他們的懲罰還是獎賞呢？」妹妹不解的問。

關鍵字

臨檢、肇事逃逸、吊扣駕照、道路交通處罰管理條例第六十二條。

千萬不要雞同鴨講

過年時期，全家一起逛年貨大街，哥哥妹妹開心地到處試吃。

「媽咪，我要吃那個，乾掉的湯圓裡面包花生……」妹妹興奮地描述。

什麼東西？乾掉的湯圓該丟掉吧？

「紅色白色的都有，阿嬤買給我吃過的！」妹妹急著說明。

我們很快地就在商店擺出的試吃盤中找到了，原來，「臺語叫做『生仁』啦！」店員親切地解釋著。

國語呢？

彩色豆？七彩豆？從小就知道這是過年期間必備的點心，竟不知如何稱呼它。

「上次在同學家，她阿嬤問我們要不要吃『妥～啊～仁～騰』，我們都不知道是什麼。」妹妹說道，「原來就是花生湯。」

還好妳雞同鴨講的只是食物而已，國語就是國家的語言，在正式場合一定必須使用，例如法庭上的陳述就是。（法院組織法第九十七條規定：「法院為審判時，應用國語。」）

「不會講國語的人怎麼辦？」妹妹問。

「例如外國人、年紀比較大的爺爺奶奶只講地方性語言，我們會派選『通譯』幫忙。甚至是聽力障礙者，也有手語翻譯喔！」媽媽回答（刑事訴訟法第九十九條規定）。

通譯是很重要的，他必須公正誠實地將法庭上的陳述表達，也必須要具結作證，不可以虛偽陳述，隨意增減當事人的陳述。雖然現在翻譯軟體很多，但是專業的翻譯者，尤其是國際會議當場擔任口譯員的人，事前要做功課，臨場的應變都比機器翻譯更多了人味啊！

「大眾交通工具播放站名、觀光景點、歷史建築物、博物館的簡介，都應該使用各種語言，是尊重多元文化以及符合國際化趨勢。」爸爸補充：「國際會議的正式語言，同時會有法文、英文、西班牙文等等。跨國契約更是重要，對於內容的確認，一定要有一致的解釋，否則會造成很多後續的爭執喔！」

語言是人類的另一雙翅膀，真的很重要啊！看著爸爸手中的罐子，媽咪不禁回應：「我看你走遍世界各地，不會買錯的就是啤酒。」

商品的標示很重要，如果包裝上沒有寫明這是什麼，你敢買嗎？

「敢啊！盲盒就是這樣啊！只是我每次都買不到我要的那個玩偶。扭蛋也是要試好幾次才會扭到我要的。」妹妹感慨。

妳的零用錢就是這樣無謂地浪費掉了，「買扭蛋？還不如去買彩券，還有可能中獎。」哥哥發表高見。

那你到底中獎了幾次？

「那個……下一次一定會中！」哥哥抓抓頭。

孩子啊！夢想是腳踏實地完成的，不是天上掉下來。買彩券是偶爾的樂趣，不能當作賺錢的方法。你們盲目地買標示不明的東西，在我看來，跟蒙眼睛開車一樣危險。

「百貨公司大年初一的福袋，媽咪還不是搶著去排隊……」妹妹咕噥著。

（這這這……這時代真的不同了，要指責孩子之前，得先照鏡子看看自己。）

媽咪是提醒你們，如果甘願接受這樣的遊戲規則，就要自己承受。不過商人也要負誠實的責任，例如扭蛋標示有四種玩偶，就一定要有才行。又或者福袋的價值號稱超過一千元，如果買到不符合價值的物品，可能也會有消費紛爭。

「至於某些商品的標示，法律會嚴格規定要講清楚說明白，不可以造假。」媽咪說：「以前有位檢察官逛菜市場，看到魚販賣干貝，他發現造型以及材質都怪怪的，憑藉他以前在菜市場長大的經驗，主動偵查後，用詐欺罪起訴黑心商人呢！」

「太厲害了吧！逛菜市場也可以辦案。」哥哥崇拜不已。

所以媽咪平常去逛百貨公司，也是用心良苦。我是要去勘驗現場、發現真相、非常接地氣的與社會連結啊！

「什麼藉口都可以用……」爸爸搖頭。

說著說著也渴了，哥哥妹妹就在街邊的自動販賣機投幣買飲料，爸爸則走向便利商店。

「爸爸要喝什麼？我幫你投幣。」妹妹貼心喊著。

乖，想也知道爸爸要選的是小麥釀成的飲料，在臺灣，法令規定不可以用自動販賣機、郵購、電子購物方式賣酒，就是因為無法辨識購買者的年齡（菸酒管理法第三十條）。

只見爸爸喜孜孜地走出來，「剛才店員要我按下確認鍵，他說滿二十歲才可以買酒。」

店員的眼鏡該換度數了吧！

「你試吃這麼多糖果點心，有沒有看到人家拿出香菸要你試抽？」媽媽問。

「欸！真的沒有遇過耶！」哥哥想想後回答。

對於某些特殊商品，會限制販賣場所、廣告方式、促銷手段。（菸害防制法第五條：「對消費者販賣菸品不得以下列方式為之：一、自動販賣、郵購、電子購物或其他無法辨識消費者年齡之方式。」）

「但是上次我們去參加表哥的婚禮，新郎在送客時手捧著一盤香菸，還幫人家點菸哩！」妹妹問。

那是婚禮的習俗，表示主人熱誠，是贈送的意思，不是販售行為啦！人情社會，不是每一件事情都用法令管理才有效。當初阿嬤跟我想盡辦法要阿公別抽菸，威脅利誘、說好說歹都沒用，但是你們一出生，阿公馬上就戒菸了。

哥哥妹妹往天上望了望，深深一鞠躬：「謝謝阿公。」

關鍵字

商品標示、消費者、菸害防制法第五條、通譯、刑事訴訟法第九十九條。

近鄰不如遠親

農曆春節回南部探訪親友，姑婆嬸婆姨婆三舅公五叔公，咱們家族龐大，搞清楚輩份關係、怎麼稱呼，非要花一點時間不可。但是孩子們有紅包拿，當然願意認識長輩，鞠躬哈腰問候，禮貌非常周到。

「已經都念大學了還拿紅包？不好啦！」媽咪趕快幫哥哥妹妹推辭。

「不行不行，還沒結婚都算小孩。」姑婆笑著回答。

哥哥妹妹眉開眼笑，喜孜孜地對著姑婆大聲說恭喜發財。

「結果發財的都是小孩，破財的都是大人，過年愈來愈不好玩。」爸爸抱怨。

對啊！你還沒有感謝你老婆，我的紅包呢？

「咦？妳是大人啊！」爸爸趕快回答。

「轉大人」這件事情，可不是隨便說了算。二〇二三年一月一日開始，十八歲就算成年了喔！

（二〇二〇年十二月二十五日，立法院三讀通過、修正民法部分條文，確定將民法成年年齡下修為十八歲，並設緩衝期，定於二〇二三年一月一日起施行。）

「兒童權利公約上的『兒童』是指未滿十八歲者，全球也有超過一百個國家規定的法定成人年齡為十八歲。」爸爸說：「我們算是有跟上世界潮流。」

「所以，媽咪不可以再藉口說要幫我們保管零用錢，收到的壓歲錢，全部歸我們自由運用了。」哥哥妹妹好興奮。

是啊是啊！你們滿十八歲了，除了享有權利之外，不要忘記義務也隨之而來。自己當家作主，打工、租房子、考駕照、買機車、騎機車闖禍賠償或收罰單、簽定契約，都要「自作自受」喔！

「難道你們一到十八歲那天，這些十八般武藝就突然都會了嗎？」媽咪提醒：「父母、學校雖然盡可能想協助提醒，但你們既然成年了，就要為自己的行為和決定負責任。」

「家長也要負責任吧！」妹妹說到：「我同學很擔心，她現在滿十八歲了，當初她爸媽離婚時有約定，爸爸要給付扶養費到她成年，現在法令修改，她爸爸是不是就不用再給了呢？」

「依照法律不溯及既往原則，」哥哥回答，「權利不受影響，還是可以受領至二十歲。」

（民法總則施行法第三之一條第三項：自然人在第一項所定之施行日前，依法令、行政處分、法院裁判或契約已得享有至二十歲或成年之權利或利益，仍得繼續享有該權利或利益至二十歲。）

「反正姑婆她們也不會記得我幾歲，我每年還是要領紅包。」妹妹耍賴：「如果親戚住近一點多好，過年期間我們就不用這樣南北奔波。」

妹妹啊！人家說是「遠親不如近鄰」，妳這種親戚，長輩看到妳，可是會皺眉頭的。

不過，時代改變，近鄰如果不和睦，還是遠親比較好一點。過年期間，免不了在家裡打打麻將、唱唱歌，也要注意別造成鄰居的困擾。

最近哥哥為了社團表演在練習，媽咪很擔心你們的鬼吼鬼叫，會讓我們被趕出社區啊！

「太誇張了吧？誰有權利把人趕走？」哥哥不解。

你們看看今天的新聞報導，某城市有個住戶，常常在家裡深夜大唱卡拉ＯＫ、百萬級音響開到最大聲，管委會正式函文請他晚上十點之後放低音量，三個月後仍然如故且變本加厲，管區派出所在一年內接獲四十三次檢舉，報案時間集中晚上十點至凌晨三、四點。甚至員警到場勸導，屋內明明有人，卻大門深鎖、拒不應門。於是該社區召開住戶區權大會，有將近百分之九十五住戶投票決議通過，贊成管委會對這位住戶提起強制遷離訴訟（請參考公寓大廈管理條例第二十二條、第四十九條）。

「哇！這個人也太不敦親睦鄰了。」爸爸看了報導，也不禁搖頭：「鄰居還自費買測音量分貝的器具，蒐證很多次向環保局檢舉。」

「法院判決他必須要搬走嗎？」妹妹好奇。

這就是所謂的「惡鄰遷離訴訟」。

敦親睦鄰是理想，鄰居之間要保持彼此的安全距離，以及適當的隱私。因為各個居住環境不一樣，所以國家法令讓人民依照各自的需求，遵循民主模式制訂住戶規約以及管理辦法，包括管理費的收取、公共安寧、衛生、設施的使用規則等等，都需要大家決議一個最好的方式，住戶也必須要遵守。

「一個社區，彷彿是一個小國家。」媽咪說：「管理不容易，取得共識更難。」縱使有最好的法律條文以及制度設計，也需要住戶用心維持。最基本的民主素養，都是從公寓大廈的社區治理開始。

「有些社區召開區權大會，還必須提供出席費，才可以湊到法定人數。」媽咪感嘆，其實每個人都應該積極參與瞭解，開會有很多程序，遵期公告、通知住戶，提出議案、檢視財務報表、投票表決……簡直跟立法院的運作一樣複雜呢！

「像遷離訴訟，其實對住戶財產權影響頗大，但是為了維護其他住戶的寧靜與安全，這是一種最後的手段。」爸爸說：「還有都市更新的議題，涉及更多的權益以及財產，一定要徹底瞭解，不要人云亦云。」

對啊！所以每個人都應該從關心社區開始，不僅為了自己的居住安全，也是展現民主素養的最佳場域。

「民主？我們家有嗎？」爸爸蚊子般的音量在喃喃自語。

奇怪，爸爸再小聲，我怎麼都聽得到呢？

關鍵字

強制遷離訴訟、財產權、社區安寧、公寓大廈管理條例第二十二條。

法學小講堂

從搖籃到墳墓，什麼都要管

最能召喚青春的魔法，莫過於開「同學會」了吧！無論是高中大學還是幼稚園，只要同學一見面，熟悉感立即回復。除了翻舊帳講糗事之外，男女討論的話題，還是稍有不同。女同學當然都是討論有益健康的保養方法，促進經濟發展的百貨公司特價資訊，以及增加社會安定和諧的影星八卦傳聞。男同學大概都是胡扯一些無聊的事，例如職棒啦啦女隊員、各種泌尿科的特效藥，還有千篇一律當兵期間的各種冒險犯難、堅守崗位的豐功偉業。

通過司法官特考之後，正式擔任法官檢察官之前，我們會在「司法官訓練所」（現在稱為「司法官學院」）以及各法院、行政機關等，研修一年半至兩年的時間，然後選填志願分發至各法院或檢察署，每一年畢業的同學會有不同的「期別」（二〇二三年分發的已經是第六十三期囉！）。自二〇〇六年起，司法官學院舉辦

「二十、三十、四十重聚」的活動，就是召回已經結訓二十年以上的學員回娘家。擔任檢察官及法官職位的同學們，難得有機會「回校察看」，同溫層相聚，歡樂無比，也見識一下比我們堅持崗位還要多十年、二十年的前輩，互相打氣、鼓勵，大家紛紛交換多年的工作經驗，當然還包括一些不足為外人道的祕辛。

檢察官感嘆：「最多的朋友死在槍砲庭。」每次問被告槍械從哪裡來？都是回答「朋友寄放的」。朋友呢？死了。

刑事庭法官的心得是：「最多的孝子都在羈押庭。」每當要決定是否羈押被告時，孝子被告總是向法官深情懺悔：他上有老母、下有妻兒、左有兄弟、右有姊妹，都需要照顧。

突然之間，家事國事的重任，都落在這位即將被羈押的被告身上。他不管不行，不出面不行，沒有他，一切都會混亂失序。

家事國事天下事，事事關心。一個家庭需要管理照顧的事已經夠多了，更別提一個國家的運作，會有多麼複雜。五權分立、掌柱國體；各個部會，分工司職，上至天空下至地底，飛機地鐵、飲水吃食，有形的道路建築土地、無形的空氣光線氣味，每一件事都與人民息息相關。雖說法律要管的範圍，就是生活裡的大小事：燈光、距離、聲響、氣味、建築線、環境安全，看似繁瑣又囉唆，其實法律想要維持的，就是一個合理且公平的界線。

所以，什麼事、該誰管？該不該管？怎麼管？管的合理不合理？這些事情，小自家庭大至政府，從搖籃到墳墓，應該都有一套完善的制度及標準，讓生活其中的人可以遵循，最起碼的原則：不逾矩、不冒犯。

不逾矩，意思是我謹守自己的本分，在自家庭院百無禁忌，與植物一起進行日光浴，跳熱舞打太極做瑜珈，在城堡內稱王稱霸，凱薩王也沒有我幸福。當然庭院的圍牆樹木絕對不可以超出界線，如果鄰居越界建築，我也有法律上的正當理由請他移除。至於牛蒡地瓜等藤蔓，若有潛藏地底而延生的植物本性，不妨想成是鄰居的恩賜，一起收成平均分配，不亦樂乎？

不冒犯，是指彼此維持一個正常的距離，特種營業的店請不要出現在國小國中校門口附近，當然是因為未成年人不允許進入，也是要讓接送孩子的爸爸不容易受到引誘。樓上樓下左鄰右舍雖僅僅相隔一層水泥，縱然是老死不相往來，卻常常因為震動以及音響將他們連結在一起，甚至衍生各種驚心動魄的民事刑事案件！

至於屬於公共財的溪流河川、山林土地、各種飛禽鳥獸等生物，更需要公民們一起守護，因為大家都處在同一個世界，不可能靠一個念頭就瞬間移動到另一個多重宇宙。在同一個地球上，我們都是一家人。彼此照顧，互愛互助。

對了，我們通常都會問那個急著回家照顧老小的重罪羈押庭孝子：「你母親幾歲？有什麼慢性病？多久回診一次？看什麼科？一天吃幾次藥？」「你孩子幾年級？有去安親班才藝班嗎？運動會參加什麼項目得第幾名？班上園遊會賣什麼點心？導師是男生還是女生？聯絡簿家長簽名位置在右上還是左下？上下學搭公車還是捷運？」還有還有，「家裡的垃圾車幾點來？大樓管理費多少錢幾個月繳一次？你上次看到兄弟姊妹是何時？可有一起慶生切蛋糕？清明祭祖有回去嗎？年夜飯在哪裡吃的？」

不要說我問得沒頭沒腦，這些都是真正在照顧長輩、友愛兄姊、負責接送孩子的父母親所經歷的一切，這是我們生活的日常!!如果你說家裡不能沒有你，先告訴我這些事情平常是誰在做？

家裡不能沒有你？先惦惦自己的實力。從搖籃到墳墓，到底你在管什麼？

輯五

法律倫理課

告密與檢舉

熱心與雞婆

週末早晨，陽光大好，戴上老花眼鏡，趕快翻開喜愛的書。

「媽咪妳在看什麼？」妹妹湊過來問。

「是漫畫：《家栽之人》。」

「這些都在畫植物花草，是園藝手冊嗎？」妹妹知道媽咪愛拈花惹草。

「不僅是植物培育的寶典，也是花草與人的愛的故事。」媽咪回答。

《家栽之人》的主角，是一位日本的家事法庭的桑田法官，負責辦理少年案件及婚姻案件，他總是心平氣和的傾聽，設身處地為當事人著想，幫忙解決他們的困境。桑田法官平時喜歡徜徉在大自然中，用綠手指培植花草，他也同樣用看待每一棵植物的愛心，去面對每一個案件的徬徨青少年、還有陷身婚姻迷沼以及監護權爭奪戰的當事人。

「媽咪每看一次，就會得到很多啟發。」真希望自己也能夠有智慧與能力，跟這位家栽（家庭裁判所）法官一樣。

「我看妳天天在陽台種花澆水，溫柔地跟它們講話，我還真想當一盆蘭花哩！」爸爸在一旁喃喃自語。奇怪，不惹老婆生氣很難嗎？

「要不是你會自己開冰箱門拿啤酒，你在家裡跟礦物差不多了吧？我幾乎忘記你會走路了。」媽咪翻了翻白眼：「垃圾倒了嗎？」

「我昨天晚上就幫忙倒了啦！」哥哥趕快出聲。

爸爸獻上一個感激的眼神，父子倆昨晚看到兄弟象隊封王，同聲慶祝興奮不已，顯然產生濃厚的革命感情。

「每個人負責的家事，應該自己完成。」媽咪嚴格執行分工制度，「哥哥你雞婆什麼？」

「未受委任、並無義務，而為他人管理事務。」哥哥趕快複習法條：「無因管理。」

真的嗎？爸爸難道沒有偷偷多塞一點零用錢給你？

「好可怕，什麼都躲不過媽咪的眼。」哥哥下意識趕快摸了一下口袋：「真的有的話，難道不能拿嗎？我是熱心而且幫忙爸爸完成他的工作啊！」

媽咪告訴你，助人固然為快樂之本，不過也要小心，別熱心過了頭。

「例如，鄰居擺放在門口的盆栽，別自以為是幫人家澆水。」媽咪提醒：「人家是種仙人掌，一個月澆水一次就好。」漫畫中的桑田法官，他看到鄰居的盆栽枯萎，也僅僅是按門鈴提醒：「盆栽缺水了，要記得灌溉喔！」

「唉呀，不是有個顧客，看到超商茶葉蛋電鍋缺水，竟拿自己的杯子加水進去嗎？」妹妹回應：「好像被判要賠錢哩！」

如果看到有小孩掉進大水缸裡，在場的人都會想到趕快拿石頭敲破水缸，拯救這位小孩吧？這是出於人性的善良的本能。幫助他人的心意，是讓世界變得更好的動力。問題是，善意不能亂用，每個人都有自我的界線，隱私的範圍。如果一味地自以為是付出好心，很容易引起不必要的爭端。

「所以法律有規定，你出於好意主動幫助他人完成事務，也要合理且以有利於當事人的方法才行。」媽咪補充。

不必要的介入、過多的干涉，大可不必。以前暑假媽咪到鄉下阿嬤家玩，下雨了，阿嬤就趕快幫隔壁鄰居收衣服，這種貼心與雞婆，應該是多多益善吧！但畢竟社會形態轉變，都市化的生活下，彼此的生活空間不要干擾，是最基本要求，或許你好意幫鄰居丟掉門邊的垃圾，但那可能是人家珍藏的寶貝。（如果已經累積堆疊到影響公共安全，那又是另外一件事囉！）

「那到底要不要幫忙呢？」妹妹疑惑：「乾脆都不管別人的事就好啦！」

也不能這樣說，如果不是有見義勇為的人，一些虐童事件怎麼會被發現呢？又如果沒有關注公共事務的人，勇敢檢舉違法工廠排放重金屬污水的事，不知道還要造成多少危害呢？

「基本上，就是以『尊重他人、保護自己』的原則作為界線。」媽咪叮嚀：「你不希望別人未經你同意就做的事，你也不要擅自妄為去做。」法律固然在宣示彼此安全的生活界線，其實也蘊含著互相扶持、善有善報的原則。

「如果你不小心遺失了很重要的東西，有人幫你撿回來，你會願意酬謝他嗎？」媽咪問。

「當然願意啊！」哥哥說。「遺失物拾得人，得請求報酬。但不得超過其物財產上價值十分之一。民法第八〇五條。」

如果不知道法律規定，一般人出自感謝，也會想要表示心意吧？可是應該給多少呢？縱然參考道德風俗習慣等等，也沒有一個放諸四海的標準，於是法律乾脆就定一個規則出來，避免爭議。「所以才會說，法律是道德的基本底線。」媽咪補充：「其實，在法律條文出現之前，早就有解決問題的方法。以前可能是神明的指示、占卜的結果或者家族長老的意見。」可是現代社會更需要一個中立的第三者，權衡利益狀況解決爭端。由國家來訂立法律，確實執行，顯然是一個還算好的辦法。法律救濟以及訴訟制度應該像是招牌和價目表一樣，高高掛起，每個人都看得到，也可以讓大家明瞭各種法制施行的過程以及結果，就可以減少許多不必要的誤會與爭執。

「無論是熱心還是雞婆」爸爸說，「受人幫助之後，感謝的心意一定要有。」

「就像去拜拜要還願，感謝神明嗎？」妹妹問：「以前看到廟前面有謝神的歌仔戲，還有好吃的烤香腸、烤魷魚、糖葫蘆、棉花糖。」

神明界的規矩，媽咪不懂。不過你們每次考試，媽咪都準備了包子米糕粽子

（包、高、中）、還有蔥蒜菜頭（聰明、會算、好彩頭），一大早到文昌帝君的廟裡上香。媽咪以前會去霞海城隍廟向紅娘祈求好姻緣，然後跟註生娘娘拜託讓我有好兒好女……

「結果都如願了，不是嗎？」爸爸提醒。

我該感謝誰呢？我覺得爸爸你才該去大大感謝神明吧！有誰比你幸福呢？

關鍵字

無因管理、報酬請求權、委任、民法第一七二條。

吾愛吾師、吾愛老屋

哥哥終於可以上實體課了！

媽咪念大學時，都是騎著腳踏車進校園，到教室搶坐最後一排，打瞌睡之餘還要記得向認真用功的同學借筆記，期末考成績發表，通常睡愈多的人考得都比做筆記的人還要高分……咦？這是媽媽的大學生活，你們的呢？

「大家都搶坐第一排！」哥哥回答。

哇，國家有救了。大學生都這麼認真喔？

「因為老師都是點最後一排的人起來回答問題！」哥哥說：「學長姊有組讀書會，大家一起讀書，提示重點，考前還有複習。」

媽咪眼淚都要掉下來了，你這麼認真？這個月零用錢再加碼！

以前上課，有些名師的課程口碑極佳，外校法律系學生都來旁聽，擠得水洩不通。我們只好畫出一個「保留區」，用黃色布條繞一圈（嘖嘖嘖，又不是兇案現場～），讓真正選課的學生有座位。

「現在老師有同步錄影，還可以網上聽課啦！」哥哥簡直不能想像以前的古老生活模式。

「我都在影片網站上看串珠珠教學，隨時可以停止、重播、放大，方便得很。」妹妹學習力不輸哥哥。

網路雖然無遠弗屆，但是面對面的交流，總是比較有溫度。媽媽的論文指導教授，就常常邀請學生到他的宿舍，大夥兒一起包水餃，打牙祭。師母總是怕我們吃不飽，拚命把食物搬上桌。學生專心吃飯，老師趁隙聊聊值得研究的題目，他指點幾句，我們茅塞頓開，一篇篇論文就這樣產生了。

「吾愛吾師，吾更愛真理。」爸爸突然冒出一句話來。「很久以前，國小升初中還要考試，就有老師在學校教書時『藏步』，只有在課後自己的補習班才仔細教那些考試內容。」爸爸講起來十分義憤填膺：「那些家裡窮沒錢補習的學生，怎麼辦呢？」

唉～總是會有一些令人遺憾的黑歷史，以前教師薪水少，用兼差補習的方式替自己加薪，雖然無可奈何，但絕對不能違反職業的本分啊！教育改革這麼多年，空有制度面是不夠的，要靠有熱誠、有愛心的老師撐起培育國家幼苗的大任。

「熱誠會燒盡、愛心有限度。」爸爸冷靜回答。

任何行業都是一樣的，如果沒有對這件事情的興趣，怎麼捨得投入時間？又如何維持初衷？

「我們在準備啦啦隊比賽的時候，大家都好興奮，自己縫衣服、找時間練舞步。」妹妹說：「可惜拿起書本，我們就沒動力了。」

書中自有黃金屋啊，書本可以打開我們的視野，開啟好多扇窗口。好的老師，就是引領我們遍覽世界風光最重要的導遊。

「導遊？阿嬤以前會帶我去雜貨店買醬油，」妹妹回憶以前的甜蜜時光：「而且她都讓我自己挑糖果。」

現在城市街頭已經很少看到雜貨店了吧？老城街廓，漸漸消失，找不到熟悉的建築物，會讓人感嘆：「總是當時攜手處，遊遍芳叢。聚散苦匆匆，此恨無窮。」媽咪也曾經是悲春傷秋的一枚文青少女啊！

「今年花勝去年紅，可惜明年花更好，知與誰同？」爸爸順著背下去，可能是太勉強裝文青，喉嚨不順，咳了兩聲，遂轉身去冰箱拿啤酒。

「我們只要在街道上看到數字或英文字母的便利商店，就感覺很安心。」哥哥妹妹異口同聲。

城市的歷史，就是個人的歷史。這幾年各縣市紛紛有老街重建、文化資產保存的作為，走過的歲月，留下的痕跡，就是延續生命力的根基。

「可是老房子常常會變成鬼屋，」哥哥評論：「很多危老的建築是城市景觀的毒瘤啊！」

「對啊！新聞常常報導釘子戶在拆遷現場抗議的事件，很恐怖。」妹妹又怕又愛看。

你們想想，房子傾圮，是誰的責任？釘子戶，真的是找麻煩嗎？都市必須更新，危老一定得改建嗎？「新」的一定比較好嗎？

「建商投資獲利、城市面容漂亮、住戶有新房子住，很好啊！」哥哥講得理直氣壯。

「可是我喜歡舊房子，有阿公阿嬤的味道。」妹妹顯然懷舊。

「有人還因為風水緣故，堅持『起家厝』絕對不能動！」爸爸補充。

咦？看來爸爸不僅尊敬老師，還戀舊老房子。希望你對年華逝去的「老」婆也要一本初衷，永遠忠誠。否則被判入地獄十八層，就別怪我……

「媽媽真是太厲害了，三句不離本業。」哥哥妹妹讚嘆。

「為了防止潛在災害風險，加速危險及老舊瀕危建築物之重建，改善居住環境，政府已經公布『都市危險及老舊建築物加速重建條例』，」媽咪回歸本行補充：「只要不是具有歷史、文化、藝術及紀念價值的建築物，如果結構以及耐震力未達最低標準的，政府可以用公權力的方式，強制拆除。」

爸爸建議：「這些進行鑑定與重建計畫都很複雜繁瑣，住民意見也要重視。居住正義與公權力產生的衝突，需要大量的溝通與說明，才能達到雙贏的結果。」

對啊！老婆也逐漸感受到「危老」的危機，是不是應該資助我去美容診所「重建」、「整修」呢？

「妳永遠是我心目中的校花！」爸爸趕快回答。

「笑話吧？嘻嘻嘻。」哥哥妹妹一溜煙逃跑了。

可惡！你們這些壞孩子，我要代替老師懲罰你們！

（謹以此文祝賀廖義男教授歡度八十歲大壽，老師終身鑽研土地法、公平交易法、行政法，自大法官職位退休後，仍然專注研究，持續撰寫著作。一日為師，終身為父，老師爸爸，我永遠愛您！）

關鍵字

都市更新、重建計畫、釘子戶、都市危險及老舊建築物加速重建條例。

男女不平等

週五晚上，妹妹下課後跟同學出去看完電影，打電話回家：「媽咪來接我。」

媽咪敷著面膜，翹腳窩在沙發上追劇，手上拿著洋芋片，懶洋洋地回答：「妳自己回來吧！」妹妹在電話那頭撒嬌：「天這麼黑、風這麼大。媽媽為什麼不來載女兒回家？」

媽媽對著書房內的爸爸大喊：「欸～你前世情人要你去接她喔！」

爸爸聽到，穿著短褲，拿出車鑰匙就往外衝，哥哥正好回家，差一點跟爸爸撞滿懷。

「爸爸急什麼啊？」哥哥問。

「還不是你親愛的妹妹，一聲令下，爸爸 UBER 就啟動了。」

「真是不公平，」哥哥埋怨，「我也常待在圖書館到深夜啊，爸爸怎麼不來接我？」

「因為你是男生～～」爸爸遠遠地回應一聲。

「這就是標準的差別待遇。」哥哥無奈，「社團晚上聚會結束後，學長姊們都會交代：校園比較大，建議幾個女同學一起回宿舍，若有男生順路同行最好。」哥哥說：「為了表示騎士精神，我剛剛也送一位女同學回宿舍。」

你以後不要像爸爸一樣就好，當初追我時，颳風下雨都會親自送我到家，研究室裡時不時出現他留的點心和便利貼紙條。只要我哼一聲想吃臭豆腐，天涯海角他都會去買。把我娶進家門之後，我說臭豆腐，他說冰箱有豆腐乳自己湊合著吃吧！

（然後又是五千字抱怨文。）

「媽咪，請等爸爸回家再唸給他聽。」哥哥翻開憲法講義，開始假裝用功：「二〇二一年八月二十日，大法官做成釋字第八〇七號，宣告勞動基準法第四十九條第一項限制女性勞工夜間工作違憲，即日起失效。」

（修正前的勞動基準法第四十九條第一項規定，雇主不得要求女性勞工在晚上十點到隔天凌晨六點間工作。）

哥哥發表高見：「的確，如果有女性真的需要夜間工作，因為這時段薪資較高，或者她是柔道黑帶級的高手，健壯無比，或者她自己開車上下班，甚至她就住在工廠隔壁，根本沒有安全顧慮，為什麼她不能在夜間工作？」

你說的沒錯，現在很多工作，性別根本不是問題。消防隊、警察、便利超商店員、電競選手、捷運司機、飛機駕駛……這些工作，男生女生一樣都可以做啊！你們棒球隊裡不是也有女隊員？媽咪看了好羨慕。

勞工從事夜間工作，不分性別，應該同受保障，畢竟一般人都是在夜間休息，若有特殊需求必須在夜間工作（例如不能中斷的各種工廠、二十四小時開放的場所商店等等），無論男女勞工，考量的問題都應該是一樣的。最重要的是，夜間工作的勞動環境，一定要符合職業安全衛生法令的規定。

勞動基準法原本規定女性可以在夜間工作，條件是經過工會或勞資會議同意，而且雇主在無大眾運輸工具時段，必須提供交通工具或宿舍。但是大法官認為，讓工會或勞資會議代表所有女工做決定，忽略個別差異，所以才會宣告該條文違反憲法保障性別平等原則。

但也有另一種說法，認為本來女性勞工可以主張依據這一條規定，避免雇主派遣她們在夜間工作。這樣宣告違憲之後，原本的保護傘就沒了。

「這倒底是保護還是歧視呢？」哥哥疑惑。

「勞動部修法的方向，就是無論男女勞工，只要在夜間工作，在沒有大眾運輸工具的時段，雇主仍應負擔協助義務，例如提供交通工具或宿舍、增加交通費。」媽媽回答：「就是說，如果本來有提供宿舍或交通工具給女性勞工，修法後卻沒有相同的待遇給男性勞工，是會被認定違反性別工作平等法，可能會被罰款喔！」

（性別工作平等法第三十八條之一。）

「媽咪，那妳常常把判決拿回家寫，這樣算是夜間工作嗎？」哥哥問。

（嗚嗚嗚，媽咪不適用勞動基準法啊！）

目前勞動部草擬修正後的勞動基準法第四十九條，仍然規定妊娠或哺乳期間女工不得在夜間工作，違者會被處罰九萬到四十五萬元。但為了尊重個人意願，若是在哺乳期間的女勞工，有意願從事夜間工作，在分娩後六個月以上、未滿兩年期間，只要經專業醫師評估，就可於夜間時段工作。

當然，勞資關係的穩定與和諧，是需要溝通協商的，所以另外增訂勞動基準法第五十二條之一，要求雇主應於提供或變更協助前，通知工會或勞資會議勞方代表，勞方接獲通知後可要求協商。媽咪提醒：「雇主不得拒絕協商，違反的話，可能被處罰二萬到一百萬元喔！」

「什麼罰款一百萬元？」妹妹到家開門，聽到媽咪的話，劈頭就問。

「媽咪是說，真希望民法親屬篇規定，女兒若要求爸媽接送，應該按月扣零用錢。如果頂撞父母，應該每次罰一百萬元。」

「這是什麼可怕的法令，」妹妹抗議：「爸爸惹妳生氣這麼多次，也沒見到妳處罰他啊！」。

喔！妹妹倒是提醒我，是該好好算帳了。為什麼過馬路都沒有牽我的手？為什麼結婚紀念日的花束愈送愈小？為什麼昨天沒有倒垃圾？為什麼……？為什麼……？

關鍵字

夜間工作、勞動基準法第四十九條、性別工作平等法第三十八條、大法官釋字第八〇七號。

一定要告訴你的事

妹妹在冰箱上面貼了紙條：「香草冰淇淋是我的，不准吃。」媽媽看了啼笑皆非，果然，哥哥打球回家，滿頭大汗要灌冰水，一看到這告示，馬上把冰淇淋挖出來吃光光。

「欸，你這不是太故意了嗎？」媽媽斥責。

「誰教妹妹要貼紙條？本來我也不知道的啊！」哥哥沒良心回答：「就像路邊不是常有『前有測速照相』的交通標誌嗎？明明就要抓超速，偏偏還提醒大家？」哥哥剛剛考到駕照，頗有感觸。

一般道路在一百公尺至三百公尺前，高速公路、快速公路在三百公尺至一千公尺前，都會設置「相機圖案」的測速取締標誌（以前是以文字寫著「前有測速照相取締」），千萬別以為那是打卡景點喔！

「這樣子警察哪有抓到超速的業績？」哥哥不以為然。

「媽咪，有妳的掛號信。」妹妹開門回家，手上揚著一個信封：「是違反道路交通管理通知單……」唉～這不就是罪證確鑿的案例嗎？

「媽咪，妳知法還犯法!!」哥哥妹妹抓住機會奚落媽咪，然後又傳來躲在客廳角落看報紙的爸爸，抑制不住的偷笑聲。

那個什麼標誌，太小了嘛！媽咪老花眼常常沒看到，而且都在想著下個月的專欄要寫什麼文章、等一下要去買牛奶雞蛋衛生紙、宣判的判決寫完了要再校稿一次……一不注意就多踩了一下油門啦！這都要怪你爸爸買的車子性能太好了，平穩到常常讓我不知不覺忘記速度。

「妳總算也會稱讚我一次。」爸爸咕噥著。

「我是說你挑車子的眼光很好，跟挑老婆的眼光一樣。」媽咪回答。

爸爸不吭聲，繼續埋頭看報紙。

「媽咪，妳的新車不是有裝行車記錄器，」妹妹捏著喉嚨，怪聲怪氣模仿：「前有測速照相，八十公里。」哥哥也說：「手機也有超速提醒的ＡＰＰ啊！」

媽媽又要白頭宮女話當年了，一九八五年的道路交通法規，禁止車子裝測速雷達感應器，理由是防止駕駛人規避警察的取締。所以當時常常上演警察與人民大鬥法的戲碼：民眾駕車時，如果有警察在前方路旁舉槍（雷射測速槍啦！）對準車輛，車上裝設的雷達感應器就滴滴叫，提醒駕駛人降低速度。如果車輛被警察攔停，駕駛人就會趕快把雷達感應器的插頭拔除，想辦法藏起來。

「當時開車，迎面而來的車輛如果對著你閃兩次燈，就是在提醒你：前面有警察在測速喔！」媽咪回想起那個「美好而善良」的時代，人民團結一致，就是要躲過交通警察的執行……

「就像每次聽到妳開門的聲音，爸爸都會要我們幫忙，趕快把滿桌的空啤酒罐藏起來。」妹妹忍不住爆料。

時空環境變遷，執法目的以及手段都要調整。既然測速雷達感應器並未被公告為違禁品，法令也沒有禁止廠商製造販售，加上現在的衛星定位導航，幾乎都有提醒「前方有測速雷達」的功能。這跟政府設置告示牌的功能是相同的，都是在提醒安全駕駛，防止超速產生危險。所以二〇〇六年以後，不再禁止車輛裝設測速雷達感應器。更彰顯了交通法規目的在維護交通秩序與安全，而不是以罰鍰為唯一目的。

「這就是我一再強調，如果僅靠威嚇來讓人民守法，效果一定不好。」媽咪職業病又發作了：「事後嚴懲，不如事前充分提醒。」

如果執法沒有確實，違法事件很多，卻不是每一件都被抓到而得到該有的懲罰，大家就會開始碰運氣，好像是買彩券一樣，賭賭看這一次會不會這麼「倒楣」。

「我怎麼覺得我每一次偷懶都被媽咪抓到，」哥哥抱怨：「我真的很倒楣。」

那是你違法行為太明顯了，我想裝沒看到都不行。你剛剛才把妹妹千交代萬交代不可以吃的冰淇淋解決掉？這不是「故意」是什麼呢？

「哥哥每次做錯事，都說：我不是故意的。」妹妹埋怨：「根本都是藉口。」

對啊！妳爸爸惹毛我，哪一次不是這樣說？

「不教而殺謂之虐」，任何法令的施行，都需要事先宣傳教導，說清楚講明白，人民瞭解後，才會願意遵守。

例如，開車到十字路口看到紅燈，會停下來等，不僅是因為知道紅燈的意義，更是因為知道：紅燈停下來，代表我不會去撞別人，也不會被撞。等到我這邊綠燈的時候，預期別人跟我一樣遵守交通規則，不會亂闖而撞到我。只要宣傳清楚、確實教育，法律不僅保護自己，也維持了與他人間最安全的距離。

「會不會有人很有氣魄，說：沒關係老子有錢，超速罰款再高我也不怕，就是想試試我高檔跑車的極限速度。」哥哥突發奇想。

「我們打桌球的時候，規定不可以講粗話。如果講一句，罰一百元。」媽媽笑稱：「結果有一位球友，開玩笑地說，來！我先繳一千元，今天要開罵很多次。」

「哪有這樣的啦！」妹妹非常不以為然：「有錢就可以違法嗎？」

所以啊！以高額罰鍰當作遏止違法的方式，一旦遇到不在乎錢財的人，怎麼辦？

「應該要用累計點數的方式，一段期間內違法太多次，就要吊扣或吊銷駕駛執照。」哥哥建議。

咦？你開始有一點法律人的思考模式了喔，現在的交通法令就是這樣規定的。

「遵守法令不是賭博，更不可以藉由靠關係、走後門、求特權來豁免。」爸爸說：「徒善不足以為政，徒法不能以自行。法律若不能貫徹執行，非社稷之福也。」

「設計？」妹妹疑惑：「好的設計可以給人驚喜啊！例如爸爸為了你們結婚紀念日安排的……啊～」妹妹趕快用手掌遮住大嘴巴。

關鍵字

測速雷達、違規記點、吊銷吊扣駕照、道路交通管理處罰條例。

是黃牛還是跑腿？

又到了演唱會的旺季，哥哥妹妹專心守在電腦前，開賣時間一到，雙手彷彿觸電一般地按壓鍵盤。爸爸看著他們失心瘋的樣子，搖頭嘆息。

「時代不一樣了，我們當時搶票的方式，是在半夜三點去中華體育館前排隊，還找同學一起打地鋪玩橋牌熬夜。」爸爸說。

你就別白頭宮女話當年了，「中華體育館」，天啊那是古蹟吧？（其實媽媽也在那裡經歷過熱血的職棒元年。）

「門票超難買，可是我們都會忍著熬到開場前五分鐘，黃牛就會降價售出，這時候就撿到便宜了。」電話響了，爸爸去旁邊接電話。

妹妹忿忿不平地抱怨：「就是這些黃牛，我都買不到演唱會好位置的票，媽咪，妳應該把這些人抓起來關。」

「媽咪連妳爸爸都關不住了，我能關誰？」不自覺地提高音量到剛好讓爸爸聽到的程度。

（只見爸爸無奈地回電話：「今天不行，我要陪老婆，下次再去，下次我一定不會黃牛的啦！」）

其實媽咪有不一樣的看法，像我沒時間去處理買票的事，如果有人願意幫我買，我可以付他「合理的」跑腿費。

問題是，很多人漫天開價，又用人海戰術搶先購票，然後再「轉賣」，甚至提高到幾倍以上的價錢。

「一個願打，一個願挨，」哥哥說：「契約自由原則啊！」

這也是一個觀點，買賣契約，就是雙方合意，除非違反公序良俗或者標的違法（毒品、禁藥、仿冒品等等），否則自由市場上，推定每個理性的人都會以自己付得起的價格，選擇他的需求。可是，每逢春節、清明、中秋等重要節日的車票，如果有黃牛惡意優先占買了，再高價售出牟利，要不要處罰呢？買黃牛票的人，也違法嗎？

鐵路法第六十五條規定：購買車票加價出售或換取不正利益圖利者，按車票張數，處每張車票價格之五倍至三十倍罰鍰。

「一張票罰三十倍？哇！」妹妹咋舌驚呼。

所謂「購買車票、加價出售圖利」，是指那些沒有經過特定乘客的委託，將連續假期一票難求之情形或其他熱門之班次車票，大量買下，再伺機加價出售圖獲高利。如果有事先接受其他乘客之委託，代為訂購特定車次之車票，然後再送達訂戶手中，並加收服務費用，這樣算不正利益之圖利嗎？

「所謂合理的手續費，需要看訂戶距離的遠近、票的數量、當地的交易行情以及客觀狀態一併評估。」爸爸說：「單純加價，不見得就是圖利。」

代買、代購，其實是讓付出勞務成本的人，獲取報酬，是一種交易模式，民事法律上也有「委任契約」可以作為基本的遵循規範。我們搭乘計程車，其實也是讓司機付出勞務（駕駛車輛），我們得到「抵達目的地」的結果，然後付費給司機。那麼，我請人家幫我跑超商繳水電費，或者是到市場幫我買一隻雞兩顆西瓜五個饅頭送到家，我給他一定比例的「跑腿費」，有妨礙到誰嗎？有違反公序良俗嗎？現在滿街跑的動物快遞，不就是這種商業模式嗎？

「有什麼方法可以避免壞的黃牛圖利，讓好的勤勞黃牛幫忙我們呢？」妹妹問。

哥哥建議：「可以採實名制的方式，在購買時就特定買受人的身分。」的確，新冠疫情期間，很多餐廳、演唱會都要求實名登錄。但是也有人認為這樣是嚴重侵犯隱私權，為什麼要讓政府知道我去了哪裡？

「我就算不刷 QR CODE，妳還不是知道我去哪裡鬼混……」爸爸無奈嘆息。

（那是因為你的狐群狗黨都被我收買，他們都會自動透露給我消息，呵呵呵～）

「實名制很不方便，我要是臨時有事不能搭火車，賣給其他人難道不行嗎？」哥哥問。

是啊！票卷原則上是自由流通的，現在搭火車或者高鐵也沒有規定買票者一定是搭車者。我們參加旅行社的行程，就是要省去訂票買票拿票的麻煩，不是嗎？對他們而言，這也是委任服務的一部分，顧客付費當然也包括車票錢在內。

「就算要求輸入身分證字號才能買票，還不是有很多人頭可以用，」爸爸說：「重點應該是不能惡意囤積，像是口罩、快篩劑，這些攸關健康的東西，一定要管制才行。」

因應各種不同商品或服務的內容，來規定購買的規則，也是一種好方法。個人契約自由跟政府管制之間，需要找到一個平衡點，立法時一定要審慎考量。

「那我幫妳倒茶，媽咪也要給我跑腿費。」妹妹耍賴。

好啊！親母女、明算帳，我幫妳做早餐、送妳去上學、快遞妳忘記帶的作業、妳看電影晚回家要我去接，媽咪的腿，大概就是因為這樣跑來跑去的結果，才會又粗又壯。妳要怎麼算我的「跑腿費」？

「唉呀！媽咪別這樣，要算的話，應該算算爸爸答應我們的事，有多少件又『黃牛』了。例如妳想要的生日禮物、環島旅行，還有職棒的冠軍賽……」哥哥妹妹果然熟讀《孫子兵法》，一搭一唱，知道移轉戰場，將自己置為次要敵人，聯手打擊主要敵人。

爸爸趕快拿著垃圾，逃往門外。

各位各位，不要忘記你們都姓黃，是你爸爸的孩子，如果他是黃牛，你們兩隻是什麼？

（附註：二〇二三年五月十二日立法院三讀通過「文化創意產業發展法」修正案，增列打擊黃牛條款，明定藝文表演票券加價轉售，按票券張數，處票面金額或定價十倍到五十倍罰鍰，即便沒有成交也會開罰。若以不正當方式取得票券，處三年以下有期徒刑，或併科三百萬元以下罰金，另將研議最高十萬元檢舉獎金。）

關鍵字

代購、代買、公序良俗、黃牛條款、鐵路法第六十五條。

告密與檢舉

過年假期全家出遊，一回到家裡，哥哥妹妹連行李都還沒放妥，就爭先恐後衝往廁所。

「你們幹什麼啦！」媽咪變臉：「鞋子都還沒有脫，等一下誰掃地？」

「唉呀媽咪，這件事不能等。」哥哥搶贏了，在浴室裡面大喊。

妹妹氣呼呼地嘟嘴：「最討厭在哥哥後面上廁所，好臭好臭。」

爸爸正在脫鞋襪，看到媽咪瞪他，很識相地趕快把地上的襪子拎起來放進洗衣籃。

「海畔有逐臭之夫啊！」哥哥舒爽地從廁所走出來，一派輕鬆。

「可惜我們都不是，我們只想把臭男人推下海！」妹妹跟媽媽異口同聲。臭味、油煙、堆積垃圾的擾鄰行為，真的會讓人捉狂。

「我的同學住學校宿舍，就很對室友的一些行為無可奈何，」哥哥說：「在房內抽菸就罷了，還有半夜吃咖哩飯、堆積便當盒、衣物不整理……搞得像豬窩一樣。」

啥？你還會講這些，去看看你們兩個的房間，是不是像是戰爭過後的局面？媽咪請你們大掃除收拾，喊破喉嚨也沒有用。妹妹化完妝出門漂漂亮亮，誰知道妳的房間裡面慘不忍睹的情況，如果有男朋友，妳敢讓他看到嗎？

眼看著媽咪的血壓快要爆表了，爸爸趕緊出面：「大家肚子餓了吧？今天媽媽不用下廚，我們去吃燒肉大餐吧！」

這還差不多，爸爸果然是危機處理專家。

在十字路口等紅綠燈時，有輛貨運車噴著一屁股黑煙，疾駛而過。

「快記下車號！」哥哥趕快舉起手機，「要檢舉這種可惡的大烏賊。」

媽咪用力把口罩壓緊：「真的，這種人最可惡，沿途排放毒氣殘害他人，就算要謀生，也不能用其他人的健康當代價啊！」

「檢舉成功，我還可以領取獎金。」哥哥盤算著。

你用這種方式賺零用錢？不太好吧！

「檢舉告密最令人討厭了，」妹妹說，「高中住宿舍的時候，大家在半夜偷吃零食，最怕有人去告密。」

妳自己違法在先，還怪人家檢舉？還在發育階段，還是少吃零食吧！媽咪心虛地回應著（辦公室裡面的乖乖、蝦味先、鱈魚香絲、洋芋片可千萬不能讓孩子們看見），「學校宿舍的規定是為了你們的健康啦！」

不過說起檢舉這件事，也是媽咪一直以來無法釋懷的部分。就法治的角度而言，有人幫忙舉發不法的事，照道理應該是要感謝，畢竟公權力無法隨時顧到每個角落，如果是環保案件的話，確認成案，還會發給檢舉獎勵金。

「水污染、空氣污染、這些影響層面很大，」媽媽說：「你們最愛吃鄉下五叔公種的蔬菜，他總是不灑農藥，取溪水灌溉。」如果這些水源上游被污染了，例如工廠恣意傾倒廢水，是不是會直接影響到我們的生命健康？有些土地污染甚至還會遺禍子孫。

「好可怕！」妹妹驚呼：「我不要吃青菜了。」

妳也別這麼神經兮兮啦！健康安全的環境，要靠大家一起維持及重視，相關法制建設一定不能缺，但還是要靠每個人的良心。

「我很有良心啊！可是上個月又收到好幾張交通罰單，」爸爸嘀咕：「停車買個飲料也被檢舉紅線違停……」

過多的檢舉，也會造成每個人動輒得咎，彷彿隨時活在楚門的世界（人人頭上一台攝影機，導演可以隨時監控掌握），對於自由及隱私的妨礙，也不能不重視。

「檢舉交通違規，也可以賺檢舉獎金嗎？」妹妹問。

這可要鄭重澄清，「交通違規的檢舉，政府是不發獎勵金的！」媽媽說道。這件事曾經引起很多流弊，交通單位檢討過後，現在確實是沒有這樣的規定了。

「那為什麼還是有人拚命的檢舉、甚至每天把行車記錄器檔案拿來擷取，寄去警察單位告發呢？」爸爸忿忿不平表示。

（其實你的哥兒們來向我告發你晚上的行徑，我也是不反對啦！也願意提供檢舉獎金……啊差點說溜嘴。）

這就是一個兩難的情狀：我們巴不得警察隨時在蒐證，好好嚴懲那些妨礙交通的人。可是輪到自己被檢舉的時候，又常常覺得；唉呀人之常情嘛！給個方便嘛！體諒一下嘛！有時候又不是交通繁忙、也不會影響到其他人……

因為公權力資源有限，許多違法事件，如果不是靠人民一起注意舉發，不容易被發現（尤其是家庭內的虐待事件、還有大規模的污染環保事件、走私、販毒、潛入地下的各種違法交易……），勇敢挺身而出的人，難道不是做了對大家都有益的事？既然是為了公義，某些情況會酬賞獎勵金予舉發人。但是如果政府一味只靠民眾檢舉才能發動做事，是不是好像顛倒了政府運作的機制？而且，檢舉的動作，說起來就是一種告密行為，告密者身分的保護，真的滴水不漏嗎？難道沒有誣告、洩漏身分、秋後算帳的情況發生嗎？（以下刪除五十萬字真實發生的案例以及各種法制運作的矛盾以及兩難之處。）

「公權力的行使，有嚴格的法律界線，」爸爸說：「盲眼的正義女神，如果恣意揮動正義的劍，會是一種大災難。」爸爸意有所指地看了媽咪一眼。

媽咪正要開口宣戰，哥哥妹妹立即哀嚎：「媽咪，我們快去吃飯吧！」

看起來，想要平息咱們家裡的戰爭，食物永遠是最好的方法。

關鍵字

檢舉、告密行為、獎勵金、公權力、正義。

法學小講堂

那些寂寞的檢舉人

法庭上常常聽到的話，就是「我發誓！絕對沒有（或者有）做什麼……」

此時心中不禁會浮起一句想問的話：「你發誓？是要去廟裡斬雞頭？還是去教堂跟牧師告解？真主阿拉可願意替你保證？」

當然這些都是不可說出的話，我繼續微笑以對，傾聽雙方陳述。

「如果我說謊，出去就被車子撞！」

（奇怪，難道不注意安全的駕駛，都會很注意選擇去撞說謊的人嗎？）

「如果有一句假話，我全家都會被雷劈死光光！」

（你自己的事情，幹嘛把全家人一起拉下水，當你家人還真倒楣。）

通常講到這個程度的時候，場面已經快要失控了，此時我們不得不出聲緩和，指揮訴訟，回歸正題。

自己的信用、過往的事蹟，需要靠別人來背書認證，又不是到銀行申請貸款。在法庭上，凡事講求證據。刑法第五十七條量刑依據明白寫著：「科刑時應以行為人之責任為基礎，並審酌一切情狀，尤應注意下列事項，為科刑輕重之標準：⋯⋯犯罪之動機、目的，犯罪的手段，犯罪行為人之生活狀況，品行、智識程度、與被害人之關係⋯⋯犯罪後之態度。」

所以，有人會拿出國小模範生的獎狀，證明他很優秀；也有人會翻箱倒櫃找出曾經刊載於宗教雜誌的文章，或者是捐血的記錄、捐款的收據、曾經接受好人好事表揚狀⋯⋯恨不得當庭的人都看到他頭上的光輝及內心的善良。

可是，不要忘了，刑罰是以「行為人的責任」為基礎。這是最根本的原則，自作自受，自己為自己的行為負責，不應該隨便扯他人下水，或者引用那句媽寶的經典台詞：「都是別人帶壞的！」

自己的錯被揪出來後，除了趕快辯解，更要用他人的錯來漂白自己。確認被劃分到「對」或「錯」的一邊之後，既然無法跨越所謂「合法」的線，那乾脆就轉身看看周遭的同邊人，有沒有比自己更大的瑕疵與道德缺陷，以示自己的清白。

「隔壁也有違建啊！為什麼只拆我家的？」、「剛剛那個闖紅燈的你不攔，你就找我麻煩？」、「大家都這樣啊！我又不是故意的。」

違法的平等，不是真的平等。

每個人都有些許道德的瑕疵，一旦發現自己可以站在道德的高點，指責他人的惡，彷彿就可以比別人高尚一點點。在高處攻擊別人，可以轉化自己的不安，又可以迴避自己失德的尷尬。

至於，無所不在的正義魔人、專業檢舉人，他們的內心，其實是一片荒蕪的沙漠。

在路上用手機隨時記錄他人違法事情；在電腦前瀏覽自己車上的行車記錄器，截取其他車輛的違規影片，一一寄送交通執法單位（而且沒有檢舉獎金）；向工務局寄送檢舉函詳細描寫隔壁鄰居的窗簷突出了建築線……檢舉魔人躲在匿名保護傘下，自己沒有淋濕，得意地看著旁邊的人，被自己旋轉大傘而噴出的雨柱淋到灰頭土臉、驚慌失措。

傘下的人啊！你不寂寞嗎？

檢舉，是躲在陰影下的出擊，想要拔劍弭平所有不公、見證他人不義而獲得懲罰，自己持著道德的鐵鎚，他人都是欠釘的缺德者。

當檢舉狂人付出很低的成本，卻讓他人付出極大的代價。有沒有檢舉獎金報酬沒關係，讓他人陷入法律或道德陷阱中，自己就更可以提高道德的境界。自己是真小人，卻又套著偽君子的外衣。

但是，法律如果僅靠著這樣的方式才能執行，公權力靠著楚門世界的攝影機才可以運作，正義像是路邊隨時可撿拾的石頭，誰都可以撿起亂扔；法制建設成自動販賣機，任何人投個幣，就可以恣意選擇一罐讓人爽到底的刺激性飲料；這些看似有效的懲罰行為，縱使達到事前威嚇事後恐懼的效果，破壞的卻是最重要的關鍵：「信任」。

人與人之間不再信任，人與政府之間不再信任。盲眼的正義之神，出鞘的劍任意揮舞，造成的災難，絕對是更大的核爆級道德淪喪。公權力失控的結果，要付出更多的時間及社會成本挽救。

成為道德魔人、檢舉狂熱份子，是將自己陷入寂寞的幽暗之地。其實折磨他人，就是折磨自己；放不過他人，也放不過自己。公權力不應該偷懶退縮在旁邊撿現成的正義，這種脫序扭曲的苦樹生出來的果實，只會讓大家更苦。

一片荒涼寂寞的地方，不會有幸福快樂的國民。

輯六

法內情與法外情

法界人生的真相

被誤解的法官

工作一整天，走出法院門口，隨手攔一輛計程車，報了家裡地址之後，深深吐一口氣，放鬆身體沉浸座椅內，閉目養神。

「下班囉，辛苦了。妳也在這裡工作？」司機先生像是隨口聊聊，眼神犀利地望著照後鏡，盯著我。

我馬上坐直，臉色一變：「沒有，我來辦事情。」

「辦事情？這麼晚了還沒有辦完？」柴可夫司機彷彿福爾摩斯上身，似笑非笑地提問。

「是啊！我來辦離婚，那個沒良心的老公，在外面搞小三，從來不顧家裡，小孩四個都是我在養。現在要趕回家煮飯，要不然孩子會餓死。」還好剛才打哈欠時眼眶已經泛紅，黑眼圈早就自備，再配上我凌亂的頭髮、吃完午餐就沒有補上口紅的乾枯嘴唇、沙啞的嗓音，簡直就是八點檔驚世媳婦的最佳女配角。

「……辛苦了辛苦了。」柴可夫司機立即把收音機的音量關小，將政論節目轉成幽靜的古典樂曲。

然後我就獲得一路好眠。

快到家附近，便告訴司機：「大哥，我想去全聯超市，現在便當有買一送二，我要去排隊，麻煩你這裡停就好。」

司機好心地不收零頭：「好好照顧小孩，孩子才是最重要的。」我點點頭，感激地說：「祝你一路順風。」

是的，這是我多年演練、揣摩而來的，最適當的變身術!!

剛當法官時，搭上門口排班的計程車，被問了同樣的問題，就呆呆地回應：「是，我在這裡上班。」

「律師喔？法官？檢察官？」一直被追問下去，擇一回答之後，就開始你來我往的辯論大會。善意的司機大哥會說：「啊妳這麼年輕就當法官，會不會被騙啊？你們要認真去抓壞人啦！」

我正要解釋檢察官與法官的不同，時事評論就來了：「像昨天那個殺人犯，明明就是可惡極了，怎麼還放他出來呢？大企業老闆有錢就可以交保，小老百姓怎麼辦？」

羈押的要件還沒有唸給他聽，忽然又跳到影劇版：「那個王某某也很可憐，離婚還要付這麼多錢給老婆，孩子又不是她在養……」

一整個路途，司機比我們激動，也比我們認真，從報紙頭版頭條開始，根本沒完沒了，目的地到了還講不完：「是不是？那些人通通抓去槍斃啦！」還要我嗯嗯嗯認同點頭，才肯放人。

法官這個工作，其實就是一個法律的專業適用者。秉持公正、通達情理、正確判斷，都是這個工作的基本要求，就跟期待建築師依圖蓋房子、醫師仔細治病、公車司機專心開車、農夫適時播種、廚師認真做菜一樣。所有專業的人，只要負責地在他的崗位上盡本分，不需要多麼被推崇為英雄，也無須遭輕蔑貶抑為狗熊或恐龍。

或許人性總是期待公平正義，我們對於包青天的崇敬與佩服，來自於他的不畏權勢、明察秋毫，秉公處理之外又兼顧人情義理之常。法官作為一個中立的第三者，最好出現時都是嚴肅認真，不苟言笑，專心傾聽每一句話。但法官也是人，開庭之前要詳細閱卷，隨時做筆記，開庭當下得聽聽證人的話語裡到底有沒有矛盾？專家鑑定的意見是否與事理相符？兩造的書狀要看、證據清單不能漏，最新的法律見解要知道，論理是否符合經驗法則，原告被告是否盡了相當的舉證責任，有無需要職權調查事項，每一個案件對當事人而言，都是唯一的案件。但是法官身上同時承擔了五十個、一百個、甚至三百個案件的時候，宇宙並沒有給我們一天二十五小時，我們還是一樣跟隨著地球運轉的腳步，分秒必爭地在工作。

法官會被關說嗎？會被恐嚇嗎？

關說的本質在於：用利益誘惑裁判者，使其傾向自己這一方。如果關說成功，一則以喜，一則以憂。喜的是好像可以確保我方勝訴，憂的是，如果對造的價碼出得比我高，那我是不是會被犧牲掉？

弔詭的是，縱使我國民主法治已經非常進步，各種關說走後門的傳聞，從來沒少過。當然活生生血淋淋的案例就是出現過，也抓到了壞了一鍋粥的老鼠屎，但是司法制度畢竟是解決紛爭的頗佳方式，所以我們應該繼續讓壞屎出列，好粥繼續熬，維持人民對司法的信任。

法官會燒香拜拜、會翻《聖經》呼喊上帝嗎？

法官可以加入政黨、參與選舉、上電視當名嘴、做網紅拍片嗎？

女法官一定會將孩子的監護權判給母親？男法官對於老公外遇的容忍度比較高？

法官都是自由心證，隨便判；法官都是不食人間煙火，吹喇叭是什麼也不懂。

法官都是為執政者服務，法官心中的顏色會影響他的判斷，太年輕就是奶嘴法官，太老了就是恐龍法官。

恐龍其實從來沒有被誤解，在侏儸紀裡，他也是盡本分的在生活。或許恐龍該走出大門，看看真實的世界。或許人民該理解，是什麼立法品質、行政效能以及妄想把司法當工具的執政者，把我們生活的正常社會變成侏儸紀公園？而生活在其中的國民，願不願意靜下心來三分鐘，仔細瞭解案件的原委和判決的理由？鍵盤法官可以選邊站，真正執行職務的法官必須依據證據寫下公諸於世的判決書，接受批判。如果大家都沒有對話的誠意，固守自己立場，造成的陌生與疏離，恐怕也是誤解的開端。

我真心期待彼此尊重的民主法治社會，希望搭上計程車的那一刻，可以勇敢地說出：「是的，我在法院工作，我是法官。」

開箱法院

「有空來坐坐」，這句話可不能常說，因為我是法官。

做生意開店的，莫不希望門庭若市，最好有川流不息的人潮。唯獨我們，不知何時開始有了這樣的傳說：千萬別在辦公室吃鳳梨（誰要案件旺旺旺？）和芒果（還不夠忙嗎拜託～），綠色的乖乖要擺在卷宗上，案件才會運轉出去，花生乖乖就謝謝再聯絡。（案件辦到開花就糟了？）

還有大案件要抽籤時，記得要把屁股緊緊坐牢在辦公椅上。不小心離開，案件就會分到你的股……是的，「股別」、「案號」、「陪席」、「受命」、「審判長」……這些看似中文卻又拗口的用詞，就是法院內部運作的日常。

檢察官起訴或當事人自訴的刑事案件，私人間財產權益糾紛，公司經營權爭奪，損害賠償的民事案件，裁判離婚子女監護權的家事案件，民告官的行政訴訟案件……每天每天，像是掛門診一樣地進入法院「分案室」。每一個案件依時間先後編號（例如一一二年訴字第一號～第五十號），輸入電腦，依法官輪次表分案。到醫院可以選醫生，進法院可不能讓你挑法官，案件由誰承辦，都是電腦選的。

當然，專業化的法院，會依照案件性質分由專庭審理：例如民事勞資糾紛事件，就由勞工專庭的法官輪流分案。醫療專庭就處理醫療糾紛損害賠償、工程案件審理工程合約承攬事件，其他一般的民事糾紛，就由全體民事庭法官輪辦。至於刑事案件，重大金融、貪污、醫療等等，也會有專業庭的分類。遇到重大矚目案件，乾脆全程錄影，用手動抽籤，先抽出要執行抽籤的庭長，再由庭長抽出承辦的股，一層層把關，就是要公開透明，讓大家知道分案的公平性。

總括而言，「案件是隨機選的」，連法官都無法預期自己今天會收到什麼案件，有一點像是科學的雙盲試驗。在茫茫案海中，有人收到薄薄幾頁的簡單案件，有人是接到整車運過來用布袋裝的卷宗。同事本是同林鳥，大案來臨時，只能說：

得之我幸（才怪），不得我命（命真好）。法官與案件，是一段不可預知的相遇。

一旦案號確認之後，分派法官審理，要確保卷宗公文的傳遞與管理，所以每一個法官都有一個「股別」，每股配置一位法官以及書記官。所以在法院的對話往往是：「忠股你的電話。」、「這是智股的傳真，請拿去。」、「定股的調卷來了。」忠孝仁愛、信義和平、子丑寅卯、天地乾坤，翻開康熙大字典，典雅的傳統的字都曾使用過。即使法官調動，股別仍然留下，案件就由接手的法官繼續審理。

別小看這「股」別，有些人很在意這個字，溫良恭儉讓很不錯吧？但是「儉股」的法官可不希望去「撿骨」；「蘭」股的法官又覺得這個字根本就是爛，案件愈辦愈「難」。合議庭三位法官的股別湊起來最好別是「泰白蘭」（太擺爛），家事庭四位法官分別是「功、德、圓、滿」就知道法官多麼用心良苦。

收到傳票，走進法院，若不知道風往哪一個方向吹，最好就是詢問志工，或者是走向服務台，一定會有像桃花源的村民，熱心地為大家指點迷津。循著地圖，復行數十步，豁然開朗，法庭平曠，座席儼然。

「阡陌交通，雞犬相聞」，進入法庭後可要仔細看看桌上的名牌，原告、被告、證人、告訴人、自訴代理人、旁聽席……都有固定的位置。其中往來運作，法袍穿著，悉如正常人，雖不至於怡然自得，但只要依循法官指揮訴訟的程序，就不必太緊張擔心。

有一次一位爺爺來開庭，他耳背聽不清楚，我拚了命大聲嚷嚷，他還是搖頭，正想請庭務員拿麥克風過來，爺爺很聰明，提議：「要不然法官我坐過去妳旁邊，妳講給我聽。」

我望著身邊的座位，想說爺爺你這招撩妹的方式可真是不漏痕跡，可惜的是咱們法庭的位置都是固定的，你想坐法官席，等到中籤擔任國民法官的職務，就可名正言順坐上來囉！

法院裡不僅有法官，一棒接一棒的書記官是法官最重要的助手，司法事務官更是擔任民事執行以及調解等業務的主力，法警、法官助理、錄事、庭務員，提存所的人員、遞送公文的工友，還有少年調查官、觀護人，以及協助調解的外聘調解委員，家事程序監理人，更別提雜務繁多的總務人事會計統計單位，每天法院能開張運作，都是這些人員串連每個環節的結果。

至於法院隔壁鄰居檢察署，常常被誤認為跟法院是一家人的檢察官，不僅法袍顏色不一樣（熱情如火、認真全力的紫色），角色功能也都不同。檢察官負責追訴犯罪，在法庭上與起訴被告、法官之間形成一個三角形，檢察官舉證被告的罪證，被告為自己辯護，法官審理並確保程序合法。檢察官與被告，就好像是籃球比賽的進攻與防守，法官則是跑遍全場吹哨維持秩序的裁判。

檢察官作為追緝犯罪的公益發動者，在偵查階段會出招：搜索證據（需要搜索票）、聲請羈押（犯罪重大或避免嫌疑人潛逃、湮滅證據），這些都依據刑事訴訟法規定，向法院聲請。犯罪的人不會選時辰，辦案件當然也沒有週休二日，所以強制處分庭的刑事法官是二十四小時值班。大半夜被叫起來接生的婦產科醫師應該是滿懷喜悅，因為通常結果都是家屬向您道謝。但是熊貓眼的法官被請出來，決定是否羈押被告或讓他交保、是否緊急狀況需要發搜索票，這些事件的結果，通常都是第二天報紙的頭條，壓力排山倒海而來，當然絕對不會接到油飯紅蛋。

我常講，「有空來法院逛逛？」不是開玩笑，只要你願意，法院隨時為您而開。公民課老師常常會帶學生參觀法院，各個公司社團，只要事先申請，歡迎來瞭解法院。遑論西元二〇二三年一月開始施行國民法官制，二十三歲以上的國民都有機會進入法院，舉起法槌，與法官平起平坐，履行參與審判的義務。

法院不是動物園，更不是侏儸紀公園，法院是實現正義、維護公平的神聖殿堂。

法界人生的真相

莊嚴肅穆的法庭，氣氛凝重，穿著紫紅色法袍的檢察官，翻閱卷宗準備辯論。對面穿著白邊黑袍的律師，低聲與當事人交頭接耳，再度確認辯護的策略。旁聽席滿滿人潮，記者、學生、相關人士都在等待。

法官席背後的門打開，三位穿著藍色鑲邊法袍的法官走入座位，法警喊「請起立」，全體肅立之後，法官坐下，書記官朗讀案由，案件開始審理……這是大家想像中的法庭狀況，其實，也是每天上演的法庭現場。

電影畫面裡，法官總會在開庭時拿著法槌敲打桌面、大喊：「秩序秩序、安靜安靜。」或者是肅穆地站著，翻開判決書，對著被告唸出判決主文：「被告，無期徒刑。」除此之外，法官是不是需要像偵探一樣，微服出巡、上天下海、查緝真相呢？走在街上，是否常常有被當事人攔住，雙腿一跪喊聲：「大人啊！冤枉」的事情發生呢？

打開侏儸紀公園的大門，你期待看到各式各樣的恐龍；走進法院的大門，你又希望看到什麼樣的法官呢？

「法官為終身職，法官須超出黨派以外，依據法律獨立審判，不受任何干涉。」憲法明文宣示這樣的原則，該如何落實在法官的工作上呢？

身為資深經驗的法官，我是這樣開始每日的早晨時光。

走進辦公室，桌上一疊一疊的卷宗（偶爾還會綿延到地上），這是「新案」與「舊案」建築而成的萬里長城，愈來愈長，就算我再怎麼嚎啕大哭或者暗自飲泣，也沒有倒塌或移除的一天。

所謂「新案」，就是每天進入法院的案件。如果是民事庭法官，就可能收到：汽車車主提告，因為鋼鐵人英雄救美而不慎撞壞他的汽車，所以請求鋼鐵人賠付汽車修理費及醫藥費（這叫民事損害賠償案件）；也可能是海綿寶寶要控訴無良章魚哥老闆不給薪資及加班費（這是民事勞資糾紛）；當然也有海賊王出航時撞到附近漁船（海商法案件），或者是蜘蛛人上網買黏膠但品質不好，以及英雄聯盟去餐廳慶功卻吃壞肚子（消費者保護法案件），這些請求對方賠償的案件，屬於私人的民事糾紛，適用民事訴訟法，並由民事庭法官審理。

家事庭的法官，當然就會收到各式家庭內發生的案件：離婚、贍養費爭執、親子監護權、繼承遺產、收養、監護宣告、家事保護令等等。刑事庭法官，就會收到檢察官提起公訴的案件，包括殺人、放火、傷害、詐欺、誹謗、過失致死、內線交易、走私毒品等等。少年庭的法官，負責處理十八歲以下十二歲以上的未成年人，涉及觸犯刑罰法律之行為。行政訴訟庭的法官，就會收到人民對於政府措施表示不服的案件：包括交通罰單、課稅、土地徵收、違章建築拆除、教師升等、學生被退學、環境開發、都市更新、水資源空氣等污染被裁罰等。

這些案件在法庭上審理的程序，都是依據「民事訴訟法、家事事件法、少年事件法、刑事訴訟法、行政訴訟法」規定。

每個法官，每週的庭期表，就像是醫生收治住院病人一樣。醫師在治療病人期間，需要每日觀察病人情況、調整藥劑量、照X光CT抽血做檢驗等。法官在審理案件期間，則是需要研究兩方提出的訴訟文書、證據資料、考慮是否送鑑定、傳訊證人、調查證物……偶爾要出差履勘土地，到醫院訊問精神障礙者是否達到宣告監護的必要，或者是至車禍現場觀察路況、察看房屋漏水瑕疵、確認工廠排放廢水的路徑等。

等到治療告一段落，醫生宣布病人可以出院，病人痊癒，感激萬分。法官調查證據完畢、爭點整理清楚，雙方辯論終結後，即可宣判。原告被告收到判決書，有一方一定罵翻法官（也可能兩邊都罵）。

所以，醫生最怕舊的病人還未出院，新的病人又進來。法官最怕舊案未結，新案滾滾如潮水般湧來，又無法即時在一週內結案，所以一件接一件、一週過一週，案件連綿到天邊。

判決書，是法官對這個案件要說的話，也是宣示原告勝訴或敗訴的原因，或者是基於第三者的立場，給爭執不下的雙方一個適當的結論。例如家事庭法官需要酌定父母離婚後探視子女的時間，宣告心神喪失的人是否需要受監護、擇定由誰擔任監護人。民事庭法官必須在土地分割案件中劃出一條分界線，或者是酌定侵權行為損害賠償案件精神慰撫金的多寡，以及到底買到凶宅是仲介隱瞞還是屋主詐欺，並且決定減價或者契約得撤銷。刑事庭法官則要在判決書理由內交代何以這個證據不採、那個證據證明了被告有罪，應該判幾年幾個月徒刑，當然，還有個最艱難的問題：是否判處死刑，那又是一個「To be, or not to be」永恆的扣問。

看似拗口難懂的判決文字，其實是法條適用到具體案件的結論，本來法律就是抽象性的精鍊文字，有些法定構成要件，非日常使用的字語，所以聘任專業的法律人（律師），來為民眾搭起法庭與人民的橋樑，是一件很重要的事。如果雙方律師的訴狀都寫重點，將請求權依據及證據妥適主張，陳述答辯方向也明確，在武器平等的情況下，法庭上的攻防戰，會是一場勢均力敵的好戲，也可以節省很多時間成本勞力費用。法官在法庭上遇到好的律師，比遇到好的另一半更令人開心哪！

為了一篇可以傳頌千里的判決，法官們花費許多時間，研究前案，蒐集資料，心中的天平左右搖擺，頭上的白髮日益增生（或掉落），皺紋增加一〇一層，晚上搬卷宗回家加班、搬不走的就利用假日到辦公室研究，這已經是法官生活的日常。

對於家人的愧疚、自己身心的平衡、對於工作價值的質疑或失落，都會讓我們在挑燈夜戰之下，深深地嘆一口氣。「怕燒就不要進廚房」，說得沒錯，但是長久以來要扛住的責任，是需要堅強的意志以及不變的初衷，才可以堅持的。

除了開庭、寫判決，專業的提升與最新法案的研究，也是法官們一定要盡到的義務。辦理家事案件，要懂得心理諮商學；判斷監護權，要學親子教育課程；辦少年案件要有同理心，辦性侵案件要注意避免被害人再度受傷，辦醫療糾紛也要多少瞭解醫學常規，車禍鑑定書要看得懂，商標專利更是要仔細研究，商業會計表冊不能不懂，國際新金融交易模式也要知道……法官們或主動或被動，對於這些辦案所需的知識，都會竭盡心力去研究去瞭解。一旦選定了辦案的專業法庭，每年必備的進修學分，一個都不能少。

現在更要學著跟社會大眾溝通，寫判決書要讓人看得懂，新聞稿更要把重點提示，藉此宣告法治的價值，讓人民瞭解。

法官是恐龍？法官其實需要很多時間研究案件，不是我們願意待在侏儸紀公園，而是為了要盡到本分，需要付出的時間與心力，讓我們無法有更多的機會體驗真正的人生。但是我們也是人，是他人的兒子女兒，也可能身為父母或者有很多兄弟姊妹親戚，在人性與理性之間，在感性與正義之間，有許多矛盾與難解之結，三言兩語道不盡。

通過司法官考試、兩年在司法官學院受訓及實習，披上藍色法袍的那一刻起，當初念法律的初衷與理念，是否能堅持？尤其是現在民主意志高漲，傳媒速度驚人，各種資訊撲面而來的浪潮中，法官所做的任何一個決定，會影響當事人。到底要不要羈押禁見（撞死人的駕駛讓他交保嗎？）、交保金額多寡（有錢人就可不用關嗎？），高官犯罪你敢不敢判？市民無辜你願不願意查清楚還他清白？輿論在你還沒有宣判前就預測你的結論一定如何、各種揣測法官的顏色立場或以往曾經發表過的意見，甚至肉搜出你的家人學校生活區域，過度美化齊聲讚頌是司法英雄，或者惡意醜化撻伐成恐龍狗熊，這些複雜又難以對外人語的心情起伏，都在挑戰我們當初選擇法律這條路的初衷，以及堅持的勇氣。

就像醫生希望國民健康，法官們希望眾生平等，各自安好，爭執者能獲得公平的利益衡量，紛擾者能放下心中窒礙，應受懲罰者得其所懲，無辜者還其清白。如果自己能夠在這些事情上盡一點點本分，為世界帶來一些溫暖與諒解，或許就可以繼續堅持下去。

手持利劍，一刀劃下正義與公平的界線，連上帝阿拉佛祖都不見得喜歡做的事，卻要身處凡間的法官們，天天做，時時做。

我們不僅需要智慧，更需要慈悲。

也想不談法

許多人覺得法官是特權階級，買車票應該不用排隊、打疫苗一定優先、出國可以走特別通道，更別提被警察攔下，只要法官證一秀出來，應該就會讓警察乖乖鞠躬「長官好」然後放行通過吧？

殊不知，如果被警察攔下，我第一個動作就是把車窗上的法院停車證取下。以前還會裝可愛問：「警察叔叔什麼事啊？」現在已經是資深美女，再裝可愛大概會被送去精神科門診，只能任憑警察弟弟問我：「阿姨，請妳把駕照行照拿出來。」然後我就乖乖地姨母笑回去。

「特權階級」之所以讓人厭惡，因為它打壞了所有檯面上的公平原則。當大家都依序排隊苦苦等候，你一人大搖大擺呼嘯而過，如果是因為你花錢買頭等艙機票，其他人也就心甘情願讓你先走（反正你跟我是一樣的時間降落抵達）。但是當大家條件都一致、規定都一樣時，為什麼有人可以跳過順序優先？等等等，我們等，就你不用等？大家都涉水、只有他搭轎？真讓人忍不住想打聽你是誰的誰，那麼我也來找你的誰的上級長官誰誰誰，看看是不是我的特權比你高比你大？

法官當然不是特權階級，在法庭上所做的任何一舉動，都是為了盡法官的職責，敲下法槌的一剎那，就是一個依法的決定。我始終沒有忘記資深指導老師的囑咐：「你對原告笑一次，就要對被告笑一次。」千萬別讓人以為你的天平有歪斜。至於那些號稱自己跟法官有交情、可以走後門、搞特權的司法黃牛，我們比各位更加希望大家齊心協力把牠們揪出來，畢竟牠們是搗亂正義真相、破壞司法信任度的元兇，兩邊收錢、天花亂墜、虛構事實、趁人之危。這種人，稱呼他黃牛到底是稱讚還是污衊了黃牛的好名聲？

法官也是人，走出法庭外，當然以守法的國民自居……嗯，人總有失蹄，一旦不小心違反法令，那種難堪與尷尬，恨不得立即從小叮噹的任意門隱身消失。一般人超速闖紅燈違規停車被警察抓，自認倒楣罰款了事。法官不遵守交通規矩、闖紅燈、酒後駕車……馬上四個字讓你下降至第十九層地獄：「知法犯法」，永不得翻身。

所以，如果我們被開交通罰單，通常是摸摸鼻子，趕快簽名領取告發單，真的要申訴或者訴訟，回家再寫申訴狀。更別提現在媒體記者SNG車隨時可以趕到現場，比快遞員還要迅速確實，人人都是連線記者，直播錄影樣樣來。難以想像是什麼情況會讓法官在第一時間公開宣稱：「我是法官，我說了算？」

法官通常很低調，沒什麼目的，單純就是不想惹麻煩。學校的家長職業調查表，只敢填寫「公務人員」，因為怕孩子被同學說仗勢欺人，萬一孩子是比較調皮搗蛋或者是愛告狀的人，難免會被貼上標籤：「喔！他爸爸是法官嘛！難怪～」我們總是千叮嚀萬叮嚀孩子別說出爸媽的職業，雖然我女兒在小學時，跟老師說：「我媽媽應該是寫書的，她整天都在打字看資料。」社區大會，最好不要發言，因為總有人說你自恃法官身分出言狂語，如果稍微發表一點公寓大廈管理條例的法律意見，就會說你居心不良、玩法弄法、恐嚇住戶，然後就等著接到來自監察院總統府直送的陳情書檢舉函。

不認識的人就算了，親戚朋友聚餐，你也得隱身一旁，就怕有人突然記起你也在場，「來來來，我問你，為什麼這個人沒有被判死刑？」、「那個富二代開車撞死孝子，為什麼還可以交保？」、「還有，那一件立委收賄案，到底他會被判幾年？」

此時，不管你嘴巴塞滿食物，或者是正要上廁所，你都得馬上回答他們的問題，何況他們大多是長輩。

但是，「不知道耶！要看情況。」、「我不知道，案子不是我辦的。」、「沒有看到全面的證據，我無法判斷。」這樣的政治正確回答，往往會讓他們更生氣。「問一下又不會怎樣？」、「有這麼難嗎？你不是已經當二十幾年法官了，連這個都不會。」

我只能說，你跟醫生親戚吃飯時，會不會順便請他幫你檢查一下（尤其是泌尿科醫師）？跟癌科醫師吃飯時，會請他衡量一下這片牛肉的突起是不是癌病變？或者是，請他判斷那個宣布罹癌的影星剩下幾個月的壽命？

專業的判斷本來就是難事，何況案件的事實證據全貌，當然不只是大家在媒體上看到的片段，真正進入審判程序，很多狀況是我們無法預知掌握的。隨意對其他法官承辦的案件評論或者預測結果，都不是適當的舉止。如果想要增進法律常識，請在十二年國教時期好好上公民老師的課，或者是閱讀好的法普文章，隨時吸取新知。媒體也請善盡推廣法治教育的公益責任，報導案件之際，順便置入性行銷一些正確的法治觀念。

不是我們不想開講，法官若是真的每事必談法，恐怕也會讓人倒盡胃口。到風景名勝遊玩，在優美茂盛的大樹下，告訴朋友：「這裡發生過命案，屍體就埋在你腳下。」或者是入住五星級旅館，你興奮地告訴全車的人：「上次發生墜樓事件就是在這裡。」好不容易訂到美食餐廳，飽食之後你拿牙籤剔牙宣布：「這一間廚房曾經有大腸桿菌超標被罰鍰。」……

廚師下班不想煮菜，遊覽車司機假日也會搭車出遊，職業球員離開球場，只想散步賞花；歌手離開舞台，和老朋友在咖啡廳喝杯咖啡，不會被要求現場演唱。

法官下班後，也想不談法。

不可告人之事

「我散步走路，然後就看到路邊有一把槍，撿起來之後只是放在身上，沒有要使用的意思。」

「槍是我朋友交給我的。他綽號小槍，真實姓名不知道，住哪裡我也不知道，我們是在ＰＵＢ認識的。」

當被告在法庭上用這些話語辯解時，你們期待法官應該如何回應？

版本一：面無表情。（你繼續講啊，我看你還能掰多少？）

版本二：循循善誘。（還是講真話吧！犯後態度也是量刑考慮的一環喔！）

版本三：破口大罵。（你當我塑膠？就算是恐龍也會出外散步，我怎麼就撿不到槍？）

版本四：給一抹難以預測的蒙娜莉莎微笑，然後辯論終結。（我們一切靠證據，等判決出來你就知道了。）

法官的內心話，是一連串的，不可告人之事。

心中有天平，眼中有證據；法律適用必須正確，論理判斷要接地氣；無罪推定原則、有罪要超越合理懷疑；闡明權行使的界線要到哪裡……這些法律基本的原則，時時刻刻在法官心中提醒。好像走在高速公路上，要隨時注意路邊標示，也要保持合法速度，眼觀四面，耳聽八方，一刻不得鬆懈。

每一個案件的審理，都是一趟全力以赴的旅程。

法庭旁聽席，原則上誰都可以進去。任何審判過程，除非涉及國家機密或者特殊案件（例如性侵案件、少年事件等等），「公開審理原則」是放諸四海皆準的人權重大事項。無論是證物的提示、雙方的辯論內容，都會如實地呈現出來。有人開玩笑說，公開審理是為了避免法官打人，細細回想，電影情節裡被告遭受逼供刑求的情節，恐怕也不是全然編造出來的。但時代進步，民主法治已經是國家保障的基本人權配備，法庭上應該不可能見到法官拿法槌敲當事人的頭吧！

有時候法官不得不製造出聲音，多半是因為有人擾亂法庭秩序，雙方當事人或辯護人失控時，法官用法槌在桌面上敲出聲音，是為了提醒、也是為了程序能順利進行。

二〇二三年三月，一則國際新聞報導引起大家的討論，「澳洲維多利亞省的法院在審理時，一名母親在旁聽席用毛毯覆蓋哺乳其嬰兒，法官以其會讓陪審員分心為由，命其離席，該母親當場感到驚嚇並哭出來，輿論亦嘩然。」

澳洲國會於二〇一六年已准許國會議員在議場哺乳，且該國一九八四年通過法律也明文禁止歧視哺乳行為。在公共場所哺乳，既然不違法，那麼，換個地點，在音樂廳？在大眾交通工具上？在法庭呢？

我曾經目睹一位母親在法庭哺乳。該案件是兩位女性一起擔任原告，冬天時期，法庭當然沒有暖氣，每個人都把外套圍巾包緊緊。後來有一位原告開始翻開衣襟，做一些動作，我才發現她胸前抱著一位小嬰兒，然後她開始哺乳。

我第一次遇到這種情況，該有什麼反應？

我跟她說：「妳辛苦了。親自來開庭，找不到幫手嗎？孩子幾個月了？睡得好嗎？據說孩子喝母乳抵抗力比較強，可惜我只有親餵六個月就沒了。」然後很想跟她一起討論育兒心得，可是畢竟案件審理中，這個議題實在不宜多聊。

我問她：「我們需要休庭十五分鐘嗎？」她說不需要，對造也沒意見，於是我們就繼續開庭。一直到結束，嬰兒很配合地沒有發出任何聲音干擾審判進行。

我真的可以理解澳洲這位法官何以會有這樣的反應，案件審理中，法官的精神是很緊繃的，要注意證人證詞、核對證據內容，還要維持雙方攻防的秩序，更何況澳洲是採陪審團制，如果陪審員無法專心聆聽雙方提出的辯論，恐怕會影響評議表決的判斷。

試想如果有旁聽者在審理時突然起立、手舉抗議招牌，或者是身穿特殊造型的衣服（恐龍裝或者是小叮噹）起身亂舞，縱使無聲，也是一種意見表達，這是否屬於言論自由的範圍？對於法庭的審理秩序是否會產生影響？

如果有人喧嘩、吵鬧、干擾當事人發言，甚至把旁聽席當成戲臺腳下的飲食區，邊吃東西邊看好戲，大家就會要求法官用法槌大聲提醒「Oder、Oder」，讓法警把失控的人抬出去也是剛剛好而已。肅穆的法庭秩序不是為了法官的尊嚴，而是在場者都是重要的當事人，有人在執行法律賦予的任務、有人在主張權利行使防禦權，共同完成法庭的功能。如果音樂家正在演奏、舞台劇演員專心演出，大家可願意有人恣意打斷、做出不合時宜的動作讓其他觀眾分心？彼此尊重，不喧賓奪主，聚光燈照在該亮的地方，戲臺上下，各有機會，每個人都扮演本分的角色。

對於案件，雙方當事人如果有任何想要抒發的情緒或者感想，出了法院外面，一群拿著麥克風的媒體自然會湧上來。

然而，對於旁聽席母親為孩子哺乳這件事，或許法官可以更體貼一點處理。說到這裡，我們的法院都設有溫馨餵乳室（嗚嗚嗚當時我只能躲在電腦機房內使用擠奶器，好冷啊～），看到現在對於孕婦的各種福利措施，不禁感嘆遺憾太早生小孩了，此時總有朋友鼓勵我再拚一個。

開什麼玩笑？兩個孩子已經把我的生命整個改道，加上育兒過程的點點滴滴，有時候甚至懊悔為何要結婚生子、為何走一條讓自己兩難的路、為何念法律為何選擇當法官為何眼睛有障礙才會選擇這個老公……

以下刪除，五十萬字，我內心真正的不可告人之事。

老師爸爸，爸爸老師

廖義男老師跟我的父親同年，但我以前沒有意識到這一點，因為我認為，老師是傳道授業解惑的尊敬長者，爸爸則是用來撒嬌任性欺負還有當作工具人使用的（天啊！我真是不孝順的女兒）。說到當學生，我顯然也是個不及格的頑劣份子。但我多麼幸運，除了是爸爸寵愛的女兒，我也是廖老師最包容的學生。

老師被尊稱為「公平交易法之父」，起草公平交易法，著書立論，並擔任首屆公平會副主委（主委是王志剛博士）。我有幸在一九九二年八月至一九九四年二月期間擔任老師的機要祕書，準備碩士論文之外，又可以實際接觸行政機關業務。每週三上午的委員會，就是一個知識量爆滿的研討會，首屆委員都是法律界經濟界的一時之選，他們睿智的討論，交會出智慧的火花，建構了國家獨立機關運作的範本。我這個初生之犢，站在巨人肩膀的底下，渾然不覺自己何其有幸，親身經歷著臺灣經濟法制的重大關鍵時刻，我僅是專心地做著筆記，然後不時思緒飄渺到另一個空間，想著中午該準備什麼給老師吃……是的，老師就在此階段達到史上「最重」時刻！一直到現在，老師和師母見到我跟張麗真祕書，還是不斷地抱怨：「廖老師體重最高峰，都是妳們兩位張小姐害的。」

老師放手讓祕書們自由決定他的午餐，獲取充分裁量權的我，恣意地在各種美食之間遊走，三明治、米粉、湯麵、水餃、粽子，每天中午開門送餐進去，老師總是從厚厚的卷宗裡抬頭，滿懷喜悅地期待，問：「今天吃什麼？」正直愛家的好男人，在師母健康飲食的正常軌道之外，顯然很享受這偶爾逸出的驚喜，但也終於讓老師的西裝褲改了幾次腰圍。不過我發誓，公平會同仁一度想要成立相撲社，老師從來就不是被邀約加入的對象。

老師的美食家精神，有很多事件可以驗證。我結婚五年後終於生下兒子，當時老師已經擔任大法官，我秉告即將親送滿月油飯，老師貼心交代：「妳中午直接送到我辦公室就好。」我乖乖送達，老師一樣在書本資料長城中起身迎接，恭喜我終於喜獲麟兒，匆匆數語後催促我早一點回家休息，他知道當媽媽很辛苦。

晚間，我接到師母電話：「章魚啊！妳的油飯很好吃，老師帶回來了……可是，怎麼沒有雞腿呢？」

我詫異回答：「有啊！上層當然鋪滿又油又香的大雞腿啊？」

然後，我恍然大悟，噗嗤一笑。兩位女福爾摩斯詳細調查的結果，應該是某位大法官，想趁著太太不在場的午餐時間，趕快把平常被飭令不能大口咬下的油膩雞腿，迅速湮滅證據。

老師是讀萬卷書、行萬里路的最好實踐者。家裡牆壁掛著、書架擺著的照片，都是他們一家人行遍天下的記錄，有春天櫻滿的名古屋、也有冬天積雪的北海道、壯麗的義大利山城、德國鄉間的城堡。講到老師的第二故鄉德國，這幾年，老師師母會在暑假期間，租一輛B牌好車，遊走在德國各個鄉鎮民宿，神仙眷侶，過著令人稱羨的充電旅遊生活。老師總是會叮嚀我們：「要多寫文章，多看書，也要多出去玩。」學生們撿重點聽，總是聽到「玩」這個字。所以我們效法老師的精神，五湖四海，大城小鎮，一呼百諾，慨然起義，隨行而至。有學生跟著老師開車去義大利，有人安排去印度探險，有人乾脆揪團一起去日本四國泡湯。跟老師出遊，他永遠是最準時的那一位，幾點出發幾點集合，從不耽誤，守法精神展現無疑。不過，老師被奧地利警察攔下的過程，應該只有我是目擊者吧！若要下個新聞標題，大概是「大法官與小法官被警察攔查？史上第一個撼動臺奧的法治事件！」

二〇一九年八月我跟女兒以及同學從維也納搭火車去薩爾斯堡與老師會合，我當然也是租一輛車子，老師很仔細地教我開車上路的規矩，記得要看限速標誌，在圓環時要遵守路線指引，加油站大部分都是自助式，要注意別加錯油……行政法大師，以實際的經驗，諄諄教誨我這位小法官何謂守法。

德國高速公路不限速，本以為老師開車會慢吞吞，結果我那幾天總是苦苦追趕著老師的車屁股燈。八月八日（咦？父親節）這一天我跟隨老師在德奧邊界鄉間暢快馳騁，一個轉彎過後，路邊警車閃著燈，兩位帥氣的警察揮手致意要老師的車子停下。我在後方遲疑著，到底要自保棄師趕快溜走，還是要同命鴛鴦一起面對呢？

我終於還是不敵良心的譴責，跟隨著靠邊停車。

我在後方，緊張地窺探，也不忘記打開手機錄影存證。只見老師師母下車，打開後車廂，警察走向前……我好怕下一刻會目睹老師被過肩摔或者雙手被銬上手銬，心中一直默唸：「我有三個權利聲明，我要請律師、我要保持沉默……」

另一位警察狐疑地走向我窗邊，我搖下車窗，他問：「妳為什麼要停車？」

「他他他……他是我爸爸。」我指著老師，結結巴巴的德文，只講得出這句話。

帥哥警察大笑，「我們在做例行檢查啦！既然妳也停了，就打開行李廂吧！」只見老師師母已經跟警察在笑著聊天了，我內心經過的那場「忠孝不能兩全」的戲碼，想要「英雌救帥」的衝動，跟隨著額頭冒出的冷汗，瞬間揮發不見了。

「我在歐洲開車超過二十年，從來沒有被警察攔下過。」老師跟警察說。

我在一旁，很想跟警察說：「你知道你們攔下的，是臺灣的大法官還有小法官嗎？」但我當然沒開口。女兒在一旁低聲說警察好帥，可以跟他合照嗎？

帥哥警察很開心，合照之後，他羨慕地跟老師說：「你好幸福，這麼多女生陪著你。」然後我們跟他們揮揮手，叭叭按一聲，開開心心地繼續旅程。

經過此役，我與老師之間更增添了革命情感。

一九九三年十一月，廖老師指導之碩博士生第一次大團圓時，紀振清學長與我一搭一唱，想著該如何來稱呼這好不容易團圓的廖家子弟，「義和團」！紀學長頑皮大膽地提議，廖老師心胸寬宏，笑談之中，未明確表示反對。幾十年來，老師的壽宴遂以「義和團」集會自稱，團員們從單身到邁入家庭，第二代第三代子弟陸續出現。直至二〇二一年十一月老師八十大壽時，在他出版《公平交易法》鉅著中的感謝詞裡提到：「謹將此書獻給　愛妻　秀麗　女兒　儒真、儒欣　及　義和團團員們」，從此「義和團」列入正史了！不管是「義正、和氣、團圓」，或者是「重情重義」，視生如親，「春風和煦」，眾弟子「團結一致」，無論多少種解釋，只要團主廖老師在，一團和氣的我們，就是最佳的詮釋者。

很多人知道老師是公平交易法的推手，也教授國家賠償法、債法、土地法、經濟法，有人說他是橫跨公私法領域的奇才，畢竟，二度獲得「臺大教學傑出教師」的榮耀，傳播知識，激起共鳴，是老師一輩子堅持的信念，二〇二一年十一月十三日，在老師八十大壽的研討會上，他發表〈從醇化私法自治融入公法之學術生涯〉一文，回顧生命中的精華片段，從文章中我們知道，那個目睹警察對攤販的嚴苛取締行為而心生疑惑的小男孩，那個想解決威權濫用導致弱勢族群被忽略的不公現象的鄉下高中生，從來沒有離開過老師的身體。眾人只見老師自在遊走在各個領域，其實老師秉持的一貫信念：「摒除不公、建立制度、依法行政、保護權利」從來沒有變過。

對於法律的詮釋，老師是專家，但我們從不曾聽到他在背後批評他人是非，當我們口沫橫飛地在論斷他人、慷慨激昂全民共憤指責某某某時，老師總是一樣保持平靜的沉默。

難道老師心中沒有是非？難道老師不懂正直的意義？難道老師不願意為公義發聲？

多年過後，當我自己成為他人口中的是非者而感到委屈時，當我還在恣意評斷針貶他人時，老師的影像始終在我腦中出現。是什麼樣的修養，讓老師絕不擅言，寬容包納，在全面激情中，始終保持冷靜？

數十年來，老師每天晨起，散步運動之後，坐在書桌前，一筆一筆寫下的字句，一指一指敲鍵盤留下思索的痕跡，他默默以自己的腳步與節奏，持續寫文章，繼續記錄法制施行的結果，他還是那個不斷探求公理正義真正答案的小男孩。

或許老師瞭解，與其花時間去與他人爭論，不如回歸自己本心，探問當初的堅持，在高處更宏偉地檢視，法律在這片土地上開花結果的痕跡。他忠實地記錄自己所學，落實制度的踐行，竭盡全力回饋國家。正是這一片真心從未改變，老師才可以在嘈雜眾聲中保持清醒，他豈是不言不語？他正用著他最大的力量，挺住一個法律人的尊嚴。

在法律的實踐上，在我幾乎要撐不下去的時候，我會在陰暗的隧道中，尋找一位泛白頭髮的前輩，人格者，先驅者，那位帶給我巨大力量的老師爸爸，他的身影，從未走遠。

老師爸爸，爸爸老師，我無法再用其他的形容詞，這是我對老師表達最敬意的方式。希望我們義和團的學生們，沒有讓您失望，請繼續帶領我們，一路走一路玩，無悔此生。

二〇一九年八月，德奧邊境，廖義男大法官被奧地利警察攔下。

廖義男教授演講。

法學小講堂

關說、特權以及更多怪獸的出產地

在餐廳吃飯，發現是自己的朋友（親戚、同學、鄰居……）開的店，大家的反應都一樣吧？

好開心啊！真是巧啊！親上加親，等一下送一盤水果？打個折？發一張VIP卡下次來可以優先享受包廂、省下開瓶費服務費……

買房子、傢俱、汽車，選擇學校、工作，參加旅行團、報名才藝課……生活中大大小小的事件，我們都仰賴著口碑，參考打聽後決定。最好的意見，總是來自「親戚的經驗」、「朋友的推薦」，而最希望的，就是都有「認識的人」在其中，這樣子，才安心，不會被騙，不吃虧。

這是我們習以為常的打折文化，或者說，人情主義。如果經由認識的人介紹，對方不打個折或者額外提供優惠，還會被嫌棄不懂人情世故、枉費上一輩的緣分及交情、不會敦親睦鄰廣結善緣，甚至，成為拒絕往來戶（加上負評倒扣一顆星）。

那麼，走進法院（或是警察局、戶政事務所、建管局、交通裁決所或者任何一個行政機關），如果承辦案件的人，剛好是你的親戚朋友（鄰居同學表兄堂妹三阿姨四舅舅……），此時你該一樣地滿心歡喜嗎？可以預期案件一定快速進行、規定條件可以寬鬆彈性，甚至，「有關係就沒關係」？

如果因為親戚血緣朋友交情，讓你插隊、打折，或者給與優惠。夜深人靜，難道你不會隱隱有個念頭：萬一，萬一，別人有比我更親的親戚、更好的朋友，他案件的速度比我快，他獲得的優惠比我多，他享受的特權比我更廣，那我不是被比下去了嗎？

夜更深了，你再冷靜想想，既然我用了這個交情與關係，對方總有一天要討回來。到那個時候，我有什麼可以回饋的呢？

常常有人批評法官（或任何一個行政機關的公務員）適用「法理情」的順序，太刻板冷酷不近人情。試問問自己若是開車違規，被警察攔下來時，第一反應是什麼？

「我跟你分局長很熟喔！」、「罰少一點啦！」、「又沒有人看見，也不妨礙交通，這次就放了我吧！」

如果警察佛心大發，高手一抬，你是不是滿心歡喜並且百般感謝？此時法律真是充滿了溫暖，社會真是祥和，世界真是美妙。

但是，親愛的，請你換位思考一下。如果你是第二台被攔下的車子，聽見第一台車的駕駛與警察的那番對話，眼看著他全身而退，你的心中作何感想？

怨恨自己的親戚不是分局長？找一個比局長更大的官來壓他？還是，大聲嚷嚷社會不公，特權份子恣意濫權，法律只保護壞人？

許多事情不能打折，無法關說，不容特權。人情義理固然重要，一旦遇到法律的本質：「公平」，就沒有任何容忍的餘地，這不是針對你一人而已，這是為了跟你一樣的千千萬萬個人。

如果你關說有用，別人關說也一定有用。如果你送了一百萬元打通關節，別人就有可能送一千萬元比你打通更多的節。如果你可以走後門，那麼一定有更大的後門（加上電梯）讓別人直達天聽。

法律本來就不離人性，只是，法律應該是盡可能的、在各項利弊得失的權衡之中，歸納出一個對大家都公平的規則，放諸四海皆準，無論你是天子皇臣，或是平民百姓。隨著時代調整，法制裡蘊含符合人性的倫理面，不該再有畸形的「法內情」。但願我們的法治社會，人人都遵循這尚稱公平的遊戲規則，那些關說、打折以及特權怪獸們，在奇幻小說中大展身手後，就永遠留在博物館展示櫃裡吧！

跋

如果法律是答案，那麼問題是什麼？

三十幾年前，我完成了碩士論文，口試結束後，我好奇地請教廖義男教授：您指導過的碩博士生，有多少人啊？

老師一時也數不清，於是我開啟了尋人的任務，不難完成，在法律系辦公室助教的協助下，一屆一屆往上尋根，二十幾位學長姊被我「傳喚到案」，正本溯源。每年廖老師生日，我們這些學生跟老師一家人聚集在一起，藉口要幫老師慶生，還要研討法學問題，不過後來都在話家常、聊旅遊、談健康。某次紀學長提議，我們這個團體，是不是該取個名字？於是三秒鐘的靈光乍現，「義和團」三個字出現了。廖「義」男老師的徒子徒孫，一「團」「和」氣，「團」結「和」諧，怎麼解釋都說得通。主旨很單純，「反」（肚皮）「輕」，（要吃到）「腹鳴」（為止），這樣義和團的聚會，持續了三十幾年，從不間斷。

我原本是最資淺的學妹，厚著臉皮喊人學長姊。後來也漸漸邁入資深世代，被陸續加入的學弟妹追著老了，可是我們團員之間的默契與感情，愈發堅固。

義和團中的成員玲玉學姊，是我很崇敬的前輩，她這幾年榮登「婆婆」位階，在陪伴孫子的過程中，記錄了他們之間有趣的對話，集結成書，《如果愛是答案，問題是什麼？》。

我看完這本有趣又可愛的書，如獲至寶。便跟玲玉學姊懇求：「學姊，我下一本書可以借用妳的好書名嗎？」

學姊當然應允。

這真是一個好的問句，無論在我們人生中的哪一個階段。尤其是身為法律人的我，面對問題，總是習慣（或被迫必須）給一個答案，可是，「問題是什麼？」。

寫專欄將近六年，從孩子童言童語寫到青少年的禁忌與迷惑，一路記錄下來的，竟是一個家庭的成長與轉變。社會文化的演替，政治選舉的異動，疫情帶給世界的衝擊，科技的跳躍式進化……就算我只想要隱身在安逸的小窩內不問世事，也不得不面對這些上映的時代大劇，更何況，孩子們總是幫我開窗開門，迫使我去面對現實。

一路走來，新手媽媽、困惑老婆加上菜鳥法官的多重角色，遇到的問題何止千百種？總在追求答案的同時，再度開啟另一個疑問。對於生命，我沒有宣判的權力，對於公平正義的價值，我始終搖擺。因此，左右為難的答案，或者是深沉無力的沮喪，通常都是文章的末端心情。此時，只能想辦法用詼諧自嘲的角度去轉換、收尾，不得不感謝家裡那位律師爸爸的存在。在我嫌棄外面世界不完美、問題難以解決時候，且收起壯大的理想胸懷，看看眼前這位總是惹我生氣的夥伴，提醒我別奢想人類和平社會進化法治完善，先把家裡的小事搞定再說。

每日的新聞事件不斷，每一則都是真實而存在的人生，面對這些案件，總是好多的感觸與思索，想在專欄文章裡抒發。或許有人以為身為法律人的我第一個動作應該是去翻法典，找法條，然後完美解答？

NO、NO、NO（舉起右手食指搖一搖）。

我不想掉入老生常談的囉唆與叮嚀，更多的是要衡量各種角度與立場，企圖提出解決的方法。然後再依循這個方向，去找：現行法律是否這樣規定？

有！很好！（內心暗暗為法制的健全而高興。）

沒有，那怎麼辦？（著急不安、煩惱憂愁。）

雖然有法律，但是規定很爛！（該怎麼修改？應該如何呼籲倡議？）

這麼多年，在法治工作第一線，面對各種案件的當事人，深深覺得，無論問題是什麼，「法律」絕對不是唯一的答案。

顛過來倒過去的情理法、法理情，大家都拚命提醒。可是，為什麼還是需要法律？這個尚稱可以的遊戲規則，是不是仍然維繫了大部分的社會運作的基底，堪稱合理且公平？縱使事後發生許多立法者當初來不及衡酌的因素，有沒有可能趕快修正、加入多元思考的立場，讓各種糾結的問題，找到一個解決的方向，並且積極改善。這些，都需要心平氣和地思考，撇除僵化的立場。勇於挑戰權威，卻也不能不保有聆聽的寬容胸懷。

案件要找到適用的法律，判決書要引用各種法條，其實不難。但是家庭生活、親子之間、夫妻相處，產生千千百種的問題，難道也是要用法律來解決嗎？

我常常夢想著要寫小說，用來解決現實中無法掙脫的困境：不得不宣判的案件結論、家庭的矛盾與衝突等等。可是，真實的人生比小說還要小說，難道我真的可以將頭埋進樹洞內，大聲喊喊這些不公平不合理不可以？我可願意穿著國王的新衣走在街道上，假裝大家都沒看見？

我始終知道，愛，是唯一指引。

法律的愛，在於對人性的尊重，對於每一個生命的慎重對待。夫妻、親子間的愛，何嘗不是呢？如果我不能理解問題是什麼，卻大力揮揚著法治與愛的旗幟，嚷嚷著要解決人間所有問題，也只是自我陶醉而已。（更可怕的是，高舉著正義的劍恣意揮灑，究竟會造成怎麼樣的災難？）

感謝各位讀者的耐心與愛心，在我發掘問題、追索答案的這段路程，你們的鼓勵與回饋，讓我不至於感受到孤單與無望，並且有動力繼續寫下去。感謝《聯合報．家庭副刊》，給我一個最棒的平台。媒體是一個公器，而我居然有這樣的福氣，可以在這裡藉由文章傳達理念，下筆之際，不免謹慎起來。謝謝家副編輯陳姵穎與聯副總編宇文正每個月固定的催稿，第一時間看到文章的她們，總是給我很大的肯定與鼓勵。謝謝麥田出版社的編輯林秀梅，我誇下海口要寫的各種文章小說，她總是無條件點頭稱讚，並要我加緊腳步寫出來。

感謝贈序的吳明鴻院長，他對於法律工作的堅持身影，是我崇拜的偶像。感謝「一起讀判決」以及「漫畫法律人生」兩位年輕的蕭律師，他們一樣為了法普教育而誠摯付出心力，讓我感佩不已，也增添了同伴偕行的快樂。謝謝他們的序言，雖然這不是動用法官權威諭令他們提出的補充答辯狀，不過他們還是真的準時交稿了。妹妹在倫敦，跨海熬夜畫出四個可愛的Q版家人，真的活靈活現，我看到馬上飆淚。哥哥一貫地在最後時刻交出真心話，如果期末考有哪一科被當也不能怪我，畢竟我早就交代他，要零用錢，就拿序言來換。爸爸永遠是最支持我的那一個幕後主角，默默地做他該做的事。

感謝家人的體諒與容忍，對於你們，想說的，只有一個字。

嗯，兩個字也要說。謝謝。

人文31

章魚法官的家庭法學課

法官媽媽＋律師爸爸＋搞笑兒女的「法律家庭生活幽默劇」

作　　者　張瑜鳳
責任編輯　林秀梅

版　　權　吳玲緯
行　　銷　闕志勳　吳宇軒
業　　務　李再星　李振東　陳美燕
副總編輯　林秀梅
編輯總監　劉麗真
發 行 人　涂玉雲

出　　版　麥田出版
城邦文化事業股份有限公司
104台北市民生東路二段141號5樓
電話：(886)2-2500-7696　傳真：(886)2-2500-1967
發　　行　英屬蓋曼群島商家庭傳媒股份有限公司城邦分公司
104台北市民生東路二段141號11樓
書虫客服服務專線：(886)2-2500-7718、2500-7719
24小時傳真服務：(886)2-2500-1990、2500-1991
服務時間：週一至週五09:30-12:00・13:30-17:00
郵撥帳號：19863813　戶名：書虫股份有限公司
讀者服務信箱E-mail：service@readingclub.com.tw
麥田部落格：http://ryefield.pixnet.net/blog
麥田出版Facebook：https://www.facebook.com/RyeField.Cite/

香港發行所　城邦(香港)出版集團有限公司
香港灣仔駱克道193號東超商業中心1/F
電話：852-2508 6231　傳真：852-2578 9337

馬新發行所　城邦(馬新)出版集團 Cite (M) Sdn Bhd
41, Jalan Radin Anum, Bandar Baru Sri Petaling,
57000 Kuala Lumpur, Malaysia.
電話：(603) 9056 3833　傳真：(603) 9057 6622
E-mail：services@cite.my

設　　計　朱疋
輯名頁繪圖　錢錢
排　　版　宸遠彩藝工作室
印　　刷　沐春行銷創意有限公司

初版一刷　2023年6月29日
初版四刷　2024年1月19日

定　　價　380元
I S B N　9786263104501
9786263104532（EPUB）

城邦讀書花園
www.cite.com.tw

國家圖書館出版品預行編目資料

章魚法官的家庭法學課：法官媽媽＋律師爸爸＋搞笑兒女的「法律家庭生活幽默劇」/張瑜鳳著. -- 初版. -- 臺北市：麥田出版, 城邦文化事業股份有限公司出版：英屬蓋曼群島商家庭傳媒股份有限公司城邦分公司發行, 2023.06
面；　公分. -- (人文；31)
ISBN 978-626-310-450-1(平裝)

1. CST: 法學素養　2. CST: 法律教育

580.3　　112005297